云南百位历史名人传记丛书

中共云南省委宣传部◎编

一代滇王 庄蹻

刘寒雁◎著

云南出版集团

云南人民出版社

图书在版编目（CIP）数据

一代滇王——庄蹻 / 刘寒雁著. -- 昆明 : 云南人民出版社, 2016.4

（云南百位历史名人传记丛书）

ISBN 978-7-222-11574-3

Ⅰ.①一… Ⅱ.①刘… Ⅲ.①庄蹻（？ ~公元前256）—传记 Ⅳ.①K827=31

中国版本图书馆CIP数据核字(2015)第297254号

出 品 人：李 维
刘大伟
责任编辑：张 波 毛 雪
装帧设计：马 滨
责任校对：张艳琼
责任印制：洪中丽

书名　一代滇王——庄蹻
作者　刘寒雁　著
出版　云南出版集团　云南人民出版社
发行　云南人民出版社
社址　昆明市环城西路609号
邮编　650034
网址　http：//ynpress.yunshow.com
E-mail　ynrms@sina.com
开本　889mm×1194mm　1/32
印张　5.125
字数　98千
版次　2016年4月第1版第1次印刷
印刷　昆明卓林包装印刷有限公司
书号　ISBN 978-7-222-11574-3
定价　20.00元

如有图书质量与相关问题请与我社联系
审校部电话0871-64164626　印制科电话0871-64191534

云南百位历史名人传记丛书

编委会名单

总　序

丛书编委会

历史长河浩浩荡荡！中华文明自滥觞至汇聚千流，涵纳万水，奔腾迭起，云蒸霞蔚，延五千年之长史，至今生机勃然，是迄今世界上唯一保持完整且衍传有序、光耀于人类的伟大文明。

习近平总书记指出：一个国家、一个民族的强盛，总是以文化兴盛为支撑的。中华民族是具有非凡创造力的民族，我们创造了伟大的中华文明，实现中华民族伟大复兴的中国梦，必须弘扬中国精神。以爱国主义为核心的民族精神，以改革创新为核心的时代精神，是兴国之魂，强国之魂。

云南，是祖国西南神奇、美丽、富饶的宝地，是中华文明中极具特质和创造潜力的丰美之乡。云南少数民族文化是中华民族文化的重要瑰宝。长期以来，云南大地上，各民族和睦与共，相濡相生，共同创造了色彩瑰丽、形态多元、底蕴厚重、影响深远的历史文化，为我们留下了珍贵的精神遗产。人，是历史的镜子，是历史最生动的环节，人民是历史的主人和创造主体。在人类历史的进程中，一个个不同时期的代表人物产生过一些不同的影响。“云南百位历史名人传记丛书”就是这样一丛历史的记录，一百位历史名人，虽未必尽能概全，各位历史人物的代表性也不尽相同，但都是“追梦人”，是振兴民族伟大理想的传薪人、探索者和实践家。

在这些代表人物中，无论是拓土开疆的将帅勇者，还是蹈海酬志的大国使节；无论是志于传播文明的鸿儒巨擘、先哲贤士，还是为民族独立解放而高歌猛进、慷慨捐躯的群雄英杰，都贯注了这一重要精神。正是以他们为代表的云南各族人民创造并抒写了可歌可泣的英雄史章，熔铸了坚韧不拔、奋为人先、包容博大、敢于担当的精神品质，才使云南在中华文明的长史中闪耀着特有的光辉。尤在近代中国，在辛亥护国风云中，在反对外辱保卫祖国边疆维护民族尊严、抗击日本法西斯侵略中，云南站在历史前台，以中华群雄的不屈身影演出了一幕幕豪迈悲壮的历史大戏，也更涌现了一批足以彪炳史册、光照后人的杰出人物。这一切，给予中国历史进程深远的影响。

今天，实现中华民族伟大复兴之梦，谱写富民强滇中国梦的云南篇章，需要以中华文化发展繁荣为重要条件，这就需要接续这一光荣而伟大的精神传统，在继承中创新，在创新中发展，在发展中超越。云南正处于一个新的历史起点上，需要大力挖掘历史文化资源，聚合更强大的精神动力，为推动我省科学发展、和谐发展、跨越发展凝心聚力。为此，我们组织省内外专家学者编写出版了“云南百位历史名人传记丛书”。这对加强我省各族人民，尤其是青年一代对历史的了解、认同，爱国爱乡爱民并甘于奉献，对提升优秀精神品质，形成团结奋斗的共同的思想基础，坚定推进富民强滇的信心和决心，显然有着重要的现实意义和切实的助力。

一百位历史人物，所处历史时期并不相同，其历史作用也有差异，甚至就个人的全面历史评断方面也难以等量趋同。但我们以为这些留存史迹的人物，所以传扬至今，为后世崇奉，均有他们共同的历史向度和价值取向，我们学习这些历史人物，至少应当着重于以下几个大的方面，即：“守大德、重大义、集大成、有大度、达大观”。

守大德，即恪守道德规范。“德者，本也。”（《礼记·大学》）“大德”既是国家民族的根本利益所在，也是中国文化中最核心的价值理念及标准。古语“行德则兴，背德则崩”，不仅是资政经验，也是个人修习完善的根基。所谓“厚德载物”，直观的理解，就是如果德行浅薄，是不能兴物成事，更不能造就伟大功业的。云南历史文化名人，大多以德立身，大节不移，并对此恪守坚定，一以贯之；始终保持正确信念和理想，并为之奋斗到底。这是我们首先要学习尊崇的。

重大义，即以国家民族利益的需要为个人行为取舍的标准。有大义，才有大爱。这些先贤无不爱云南爱乡土，以兴业乡梓、造福一方为己任。尤在国家民族命运攸关、生死存亡的关头，这些令人崇敬的先辈，大义擎天，逢难不避，敢于担当，责无旁贷，勇往直前，不惧牺牲。一个心存天下大公的人总会在不经意的一瞬决定大义的选择，这是社会进步的希望所在，更何况实现中华复兴的伟大梦想，还有很多异常艰危的事业在等待我们去克难攻坚。所以，举凡大义、为民为国、全身而进的精神是我们应当效法崇尚的。

集大成，“知类通达，强立而不反，谓之大成”。这些历史人物留下的足迹，予人深刻启迪。他们无论是出将入相，还是布衣一袭，均勤学不辍，求索不止，在追求真理和知识的道路上刻苦务实，义无反顾，永无终期，故能成大器，胜大任，不辱使命。今天，世界进入知识信息时代，软硬实力决定一个国家能否赢得发展机遇，乃至自立于强国之列的地位。其紧迫性不亚于先辈梦想中国富强的百年期许。但今天所谓“集大成”，是更高更大更具有生存挑战性和发展战略性的，是集世界之“大成”，集政治经济、科技文化、制度建设、社会发展等一切领域“总成”，玉成中国梦的空前伟大的事业。所以，先人刻苦自律、博学精进的学习精神我们应当秉持继承。

有大度，即要有开放包容的胸怀。云南历史文化名人的一个共通品质，也是一个显著特点就是，即使身处僻远，总能破除狭隘与陋见，以宏大度量，兼容并包，接纳先进，吸收优异，团结一切可以团结的力量，聚合一切可以聚合的资源，总成一股创造历史的宏大动力，来完成伟大的事业。哪怕是割股舍己，也在所不惜。今天，云南要实现跨越式发展，保持开放包容的胸怀尤其重要。所以，先辈"天下云南"的大度我们应当弘扬光大。

达大观，即要眼观天下，达察全局，与时俱进，审时知变，敢为人先。推动云南社会历史进步的代表人物，无不目光远大，胸怀全局，对世界潮流、时代嬗变，都能审视洞悉，并欣然顺应规律，故能在历史转折的关键时刻做出正确选择，成就改天换地的一番伟业。古语有"小智自私"、"达人大观"，是将为个人谋私的小智谋与担当天下兴亡的大智慧尖锐对比而言的。否则，"其兴也勃焉，其亡也忽焉"。一个为民为国而应用心智的人，必然有达观天下的心怀，也由此激发潜能、超迈寻常，而使人生境界也更加美好而宏丽。遍观世界文明史，许多影响人类进步的伟大创新，正是以此为动力和起点的。今天，中国经济社会的快速发展，国家的日益强大，正为实现中华民族伟大复兴的中国梦开拓了无限广阔的道路，也为个人实现自身价值创造着更加富实的前景。所以，先辈们达观天下的精神我们应当引为楷模。

我们对志向高远、仰观天下、俯察民情、甘为路石、慨当以慷、求真务实的历史名人，心存景仰，并愿与千千万万的读者，尤其是青年朋友一道学习弘扬。

组织编撰“云南百位历史名人传记丛书”是一项重要的文化工程，编撰出版人员都做出了艰苦的努力，但由于众手修书，书稿层次不一，成书体例难以做到完全一致，对存在的不足敬请读者批评指正，我们将虚心接受，并在修订再版时一并吸纳修改完善。

目录//MULU

◆ 引　子

◆ 战国乱世　英雄辈出

004／秦楚争霸急

008／少年将军

011／江东平乱，一战成名

◆ 将不在勇而在担当

016／百家争鸣

019／楚王中计

022／君鬻国，民不甘

◆ 漫漫西南路

028／重归荆楚

030／“异己”不可用

034／西南夷

目录//MULU

◆ 扎根高原

040／抵达滇池地区
042／蜀身毒道
045／且将他乡作故乡

◆ 庄蹻王滇

052／蜀道难，难于上青天
055／滇池治理
058／接过大君长权杖

◆ 凝聚与发展

064／高原的自然崇拜
066／大局为重，稳定至上
069／包容的力量

◆ 山更青　水更美

078／促进百业，发展经济

目录//MULU

082／青山绿水

086／“高封牛”和“滇池驹”

◆ 欧亚大通道

090／商道中枢的地理优势

094／联结东西方

100／南下入海国

◆ 开疆拓土　移民西行

104／因地制宜的社会治理

107／国内国外两个市场

109／开疆拓土大移民

◆ 兼容并蓄

118／阿育王法敕

120／儒家学说

123／凝固在青铜器上的古滇王国

目录//MULU

◆ 考古发现揭开了古滇王国的神秘面纱

◆ 参考书目

◆ 后　记

引 子

司马迁在《史记·西南夷列传》中记载："始楚威王时，使将军庄蹻将兵循江上，略巴、蜀、黔中以西。庄蹻者，故楚庄王苗裔也。蹻至滇池，地方三百里，旁平地，肥饶数千里，以兵威定属楚。欲归报，会秦击夺楚巴、黔中郡，道塞不通，因还，以其众王滇，变服，从其俗，以长之。"

在两千多年前的中国西南，曾经有过一段辉煌的青铜文明。那个多民族和谐共处、开拓进取的时代虽然遥远，那些英雄人物的事迹虽然在史册中鲜有墨迹，但今天的我们依然能从厚重的先秦文物和璀璨的民族文化中，感受到那段岁月的激情、那些人物的豪迈……

战国乱世　英雄辈出

春秋战国，群雄争霸，一系列残酷的征战之后，诸侯列国大多消亡于血腥的杀戮之中，剩下的齐、楚、韩、赵、魏、燕、秦七大强国在不断的合纵连横中觊觎着华夏大地霸主之位。列强无序的争强斗狠，令天下苍生苦不堪言，使社会经济停滞不前，但乱世独特的生存环境，却给特立独行的英雄人物，创造了脱颖而出的广阔历史舞台。

秦楚争霸急

春秋早期，楚国开始由小变大、由弱变强，逐步称雄于江汉之间。公元前606年，楚王熊侣（即楚庄王）率大军征伐陆浑之戎（今河南洛阳西南），形成荆楚问鼎中原之势。其后数年，楚国先后吞并了45个较为弱小的诸侯方国，于公元前594年，获得除晋、齐、鲁之外的中原各国尊崇，确立了楚庄王“春秋五霸”之一的地位。

进入战国时期以后，齐、韩、赵、魏、燕、秦六大强国皆进行了较为全面的政治经济改革，唯有楚国故步自封，未曾稍加改变。在激烈的群雄纷争中，不思进取的楚国积弊日深。一方面国内各大贵族拥地自重，王权式微，经济发展停滞；另一方面在战争侵扰和封邑势力的双重挤压下，社会矛盾不断激化，民变事件时有发生。公元前401年，楚声王熊当被农民起义军所杀，儿子熊乾继位。熊乾非楚声王嫡子，原本没有继位的机会，然而，熊乾天性不服输，自小立志要改变楚国日渐衰落、处处遭受周边列强欺侮与凌辱的局面，他勤于学业、体恤民生、以诚待人，所以得到了楚声王众多重臣的认可。楚声王被杀后，众王子惧于担责而纷纷奔逃，唯有熊乾，临危不乱，独自支撑，力挽狂澜，使楚国混乱的局势及时得到有力控制。当时，王位空悬，民心不稳，鉴于熊乾的雄才大略和“国不可一日无君”的古训，留守都邑的众大臣商议后，决定拥立胸怀中兴之志的熊乾即位为王，即楚悼王。自此，雄心勃勃的熊乾终于获得了施展抱负的机会。锐意革新的熊乾拥有权力以后，立即重用卫国人吴起为令尹（国相），推行改革，实施新政，力求尽快重建繁荣昌盛的楚国。他们内收权贵之利益，外拓东南之疆域，克服重重困难，惠民生、提经济，短时间内就实现了楚国的中兴。至楚怀王熊槐执政时期，楚国已成为战国末年唯一能与秦国抗衡的实力大国。《战国策·楚策》详细记述了苏秦对楚国的认识："楚，天下之强国也。……楚地西有黔中、巫郡，东有夏州、海阳，南有洞庭、苍梧，北有汾陉之塞郇阳，地方五千里，带甲百万，车千乘，骑万匹，粟支十年。"

中国疆域辽阔，而主要盐产地数千年来相对固定，食盐分配遂成为左右天下大势的要因。战国乱世，群雄割据，得盐泉者将可掌控别国的生计，还能成为无盐国仰附的宗主，所以列国对于盐泉的争夺十分激烈而残酷。公元前316年，日益强大的秦国大举西进，彻底毁灭巴、蜀两国，并掠夺了楚国的汉中之地，建立了巴（今重庆、四川部分地区）、蜀（今四川部分地区）和汉中（今陕西）三郡。由于西部地区的盐泉全部掌握在楚国手中，秦国新建的三郡长期处于盐荒之中，这令秦王对楚国的西北疆土产生了极大的兴趣。公元前280年，秦国为了解除缺盐困局，派大将司马错率兵攻打楚国，拔除楚国黔中郡（今湘西及黔东北地区），迫使楚王熊横（即楚顷襄王）割让了汉北（今湖北襄樊市东北）、上庸（今湖北竹山县西南）两地，秦军大获全胜，楚国西北羽翼受损。公元前279年，秦将白起率大军再度攻楚，拔楚国的西陵郡（今湖北宜昌），完全占据了巴东盐泉地区，反过来切断了楚国的食盐运输通道，楚国的国之命脉受控，广大民众生计艰难。公元前278年，秦国大将白起带兵再度南下，攻占了楚国国都郢（今湖北荆州），烧毁楚国先王的陵墓。在政治冲突、军事对垒和经济发展三大压力牵制下，楚王熊横被迫向东迁都于陈（今河南淮阳），楚国政治文化经济中心进一步东移。公元前277年，秦国派蜀郡郡守张若再度进攻楚国，攻取巫郡（今湖北清江中上游和四川北部），楚国西部领土丧失殆尽。楚国与西南地区属地和依附国的交通运输几乎完全断绝，楚国引以为豪的黄金和犀角不再容易获得，楚国青铜铸造所需要的金属矿料也难以获取，楚国的军事和经济力量均受重创。

郢都失守之后，楚国上下一片混乱，国力一蹶不振。面对楚国这日薄西山的境况，楚王熊横发愤图强的愿望被激起，他开始广纳贤才、招兵买马，准备重树楚国在诸侯中的威望。楚国谋臣们经过仔细分析秦楚格局后认为，若不能夺回被秦国掠去的黔中、巫和西陵三郡，则无法获得充足的食盐供给。同时，只有打通连接西南地区众多附属国间的交通运输，才能源源不断地获得黄金、铜锡、牲畜和僮奴等战略物资。因此，重振楚国必须先夺回三郡，这样才能维持郢都及其周边地区的正常运转，否则西都郢城即使夺回也属无益。

由于连年征战，楚国的军队损失过大，且军中青壮士卒比例越来越低，能征善战的将军也所剩无几，楚军的战斗能力非常有限。与此同时，楚国各大宗室贵族拥地自重，既不缴纳王税，还拒服徭役，他们一边在各自的封邑中过着酒池肉林的奢华日子，另一边则通过严格控制封邑人口流动来维护自己的实力。各大贵族互相勾结、把持朝政、互为进退，楚王熊横想尽办法也丝毫撬动不了众贵族的根基，更无法从各个封邑中获得补充军力的壮丁，重塑强大楚军的梦想几乎成为泡影。在此左右为难之际，大夫庄辛力排众议上书楚王熊横，恳请楚王熊横赦免将军庄蹻当年违反王命、拒割东地于齐国的罪责，招抚东地大军为国效力。在奏章中，他一是用委婉的笔调，替东地大司马庄蹻辨析了当年被迫反楚的来龙去脉和不得已的苦衷；二是用坦诚的语气，以一片赤子之心向大王陈述了强秦逼近之危机和江东军民心向于楚之现状；三是用严谨的分析，从楚国民众的利益出发，恳请大王恩准，派人前去招抚东地，获取兵源，聚集军力，以抗强秦。楚王熊横本来就对自己二十多年前割让东地于齐国心存愧疚，如今忽然有人提起东地大司马庄蹻及其麾下的三十万楚越人马，不由得心情激动，感慨万分。

少年将军

将军庄蹻原是楚庄王的嫡系子孙。楚悼王时期，为了强化楚王王权，提升楚国国力，吴起提出了“均楚国之爵，而平其禄，损其有余，而继其不足，厉甲兵以时争于天下”；“封君之子孙，三世而收爵禄，绝灭百吏之禄秩，损不急之枝官，以奉选练之士”；“废公族疏远者，以抚养战斗之士”；“禁游客之民，精耕战之士”；“荆所有余者，地也，所不足者，民也。今君以所不足，益所有余”等一系列废除贵族特权、节约国家开支的变法主张，极大地危害了楚国宗亲贵族的利益。庄蹻的曾祖为了家族的私利，在楚悼王丧后，参与截杀吴起、误伤楚悼王尸身的“吴起之乱”，被继位的楚王熊臧（即楚肃王）剥夺了封邑、爵位，一家人被迫流亡民间。

局势动荡的战国时期，民生极为艰难。生长于民间的庄蹻，虽然生活颠沛流离，但在祖母、母亲的悉心抚育下，他既知先祖楚庄王拓土开疆、繁荣楚国的壮举，也知楚国民众急需休养生息、安居乐业的心声。为此，他从小立下了“力挑兴楚之责任，福泽四方之百姓”的远大志向，一方面跟着游侠豪杰勤学刀马攻略之术，另一方面启蒙习字苦修经史领兵之策，在岁月的磨砺下，渐渐成长为文武兼备的楚国将军。

春秋战国时期，列国之间时战时和、时敌时友，关系非常复杂。自从越王勾践兴越灭吴以后，越国上下更加发愤图强、励精图治，使越国的国力不断发展壮大，逐渐成长为能与北方诸侯国相抗衡的东方大国。公元前333年，越王无疆自不量力，狂妄自大，自以为是越国的中兴之主，是诸侯争霸的后起之秀，在齐国挑唆下，单方面撕毁了与楚国的盟约，欲与齐国联合出兵对付楚国，争夺中原霸主地位。楚王熊商（即楚威王）得知这一消息后极为震怒，立即举楚国精兵，直奔江东。齐王见楚军来势汹汹、兵强马壮、杀气腾腾，担心与之交战会损伤齐国国力，就密令齐军悄悄地躲在一边，袖手旁观，任由越王无疆怎么哀求，都拒绝出手相助。越军虽然表面强悍，但由于整个越国国内水系纵横、良田较少、人口不足、仓储有限，国民经济较之楚国不可同日而语，所以楚国大军在挥师东进的数日之内便大破越军，导致越王无疆被乱军所杀，越王宗室族裔四下逃散。自此，越国分崩离析，相继分裂为于越、东越、南越、瓯越、闽越、骆越等族群，盘踞各方，逐步形成百越散居于江、浙、皖、赣、闽、粤等地的历史格局。灭越之后，楚王熊商觉得事起于齐，不教训一下齐国心中不快，于是挟着灭越的余威，命令楚军挥师北上，跨过齐越边界，打得齐国军队退出数百里方才收兵。自此，楚王熊商尽收吴越之地。为了有效管理吴越旧地数十万民众，他派人建立了江东郡，郡治设在越国故都琅琊，并任命郡守统理政务、征收赋税、维持秩序。

百越诸族由于所处之地多为沼泽，水涝疫病不断，生活环境极为恶劣，各部族间常常会为了生存而发生抢夺和争斗，所以虽是同宗，但一直缺乏维系众部的凝聚力。自从吴越灭国之后，东地百越更是呈现一盘散沙之势，社会经济发展艰难而缓慢。公元前314年至前312年间，连续三年的水涝使吴越故地多处歉收，年初的瘟疫又夺去许多百姓的性命，江淮大地，炊烟寥落，四野哀号，民不聊生。

楚国派驻江东郡的郡守，出身儒家，诗书满腹，只可惜为人有些迂腐，只知原则，不通变故，虽然明白三年涝灾后的吴越之民已极为困苦，却还是依照旧例追缴税赋，招致灾民心存不满。北边强齐，早已垂涎这临近的一块肥肉，原先想借楚国之手灭了越国，再趁乱掠夺越国的领土和人口，哪知偷鸡不成蚀把米，不仅没有捞到丝毫的好处，还折损了兵将，丢失了国土，损伤了颜面，故而两代齐王只要提起“越”字，就感到心中郁闷，总想找个机会，从楚国手中讨回当年的损失。如今，遇此掠地良机，齐王田辟疆（即齐宣王）暗自高兴，责令国相田婴迅速想出计策，掠取东地，扩张齐疆。

齐国的国相田婴机敏善策，精于权谋，他深知如果直接与楚国对抗，以楚之实力，齐国不一定能占到多少便宜。好在东地近齐而远楚，完全可以通过离间计，挑起楚越矛盾，制造东地摩擦，使东地在民变中逐步远离楚国，自动投入齐国的怀抱。于是田婴密使齐国大将，让兵卒扮作农夫潜入东地，带领受灾民众武力抗税。江东郡的司马为人老实敬业，听说有暴民闹事，也不查访清楚，就急匆匆带领几名亲兵前去弹压，结果中了齐将的埋伏而被齐兵所杀。郡守不懂军事，眼见郡中局势不稳，暴乱在即，一时慌了手脚，急忙派人奔回楚国，向楚王熊槐（即楚怀王）请求大军增援。

此时，楚王熊槐因为中了秦相张仪的离间计，正自顾不暇。他因为贪图张仪许诺的毁约换地之利，先是自己撕毁齐楚盟约，失去了战略上的合作伙伴。当得知自己中了张仪的计谋之后，又一时冲动率领楚军攻打秦国讨要公道，陷入了与秦军的胶着状态。这时，眼见楚国边境防务空虚的韩、魏等国乘机派兵攻打楚国城邑，使楚王熊槐四面受敌，手中已经没有可派的兵力，更没有领兵东地的将帅之才。正在他百般无奈之际，年轻的庄蹻不畏艰险，主动请缨，愿带领数千人马，远涉江东解决民变之祸。楚王熊槐虽然担心庄蹻年纪太轻、威信不足，恐怕处理不好东地的危机，但此时已别无他法，只好诏令庄蹻为将，率领人马，披星戴月驰往东地。

江东平乱，一战成名

自古以来，越人所居的东地都以江河、湖泊为多，由于这些江河、湖泊一般都比较窄浅，蓄水能力很差，加之浙南丘陵地区气候湿润、降水丰沛，一年有很多时候，冲击而下的溪水会使丘陵北麓的湖泊泛滥成灾，连成一片，形成湖泽泥沼，一旦湖水满溢，便又向北部已经成陆的平原涌去，造成一场新的灾难。同时，由于吴越平原北部的后海南岸没有任何的天然栏固和人工堤坝，一天两次的海水潮汐往往会直接冲上海岸，危害水土，造成盐渍，土地里很难长出像样的庄稼，导致东地农耕发展缓慢。越王勾践兴越灭吴后的数年间，越人曾利用沼泽地中的孤丘修堤筑坝，在湖泊沼泽的南岸筑起围堤，控制溪水北泄，将大量的沼泽地改造为良田，越人才有了几年安居乐业的生活。只可惜好景不长，自不量力的越王无疆惹恼了楚王，楚国大军过后，青年壮丁死伤过半，国库仓廪丧失殆尽，四散逃命的百姓身无长物。更为可怕的是，两军交战之时，后勤消耗靡费。越军拥有舟楫之便进行运输，对于河道和堤坝的影响不大。但楚军东来，辎重粮草均是使用车辕，为了便于军队快速移动，楚军遇山开路、遇水填沟、遇坝切口、遇堤平坡，导致吴越之地的水利设施几乎悉数遭到破坏。其后数年，小涝之灾年年发生，大涝之灾三年一遇，越人挣扎在生存的底线上。这一次连续三年的大涝覆盖了东地的大部分地区，导致颗粒无收。所以，在齐国奸细的唆使下，挣扎于死亡线上的越人拒不纳税、聚众滋事。

根据大军出发前所制定的“先减免赋税消除民怨，再揪出齐奸整肃法治，然后开仓放赈、招抚平民、震慑暴徒，恩威并施，化干戈为玉帛”的策略，庄蹻带领人马并没有直奔江东郡的郡治琅琊，而是一路探访水涝之灾情、了解江东之现状、细察祸乱之根由。待大军抵达郡治琅琊之时，他的胸中已形成了应对危机的一揽子详细方案。

越亡国以后，越王诸子各自自立，甚至越王族亲中稍有势力者亦据一方土地，自命为地方的君长。大军驻扎以后，庄蹻并没有立即着手准备战事，而是将郡治琅琊的书吏分为数队，分别带着楚王告示四处宣谕："东地久涝，谷物歉收。又逢瘟疫，民众饥苦。免税一年，停徭一载。休养生息，开仓放赈。"同时，由于东地大大小小的君长和头领实在太多，庄蹻不可能一一进行招抚，于是根据民情访查得到的信息，决定首先从诸暨等大邑集的君长入手，晓之以理、动之以情，逐步争取大多数东地君长的支持与配合，开仓赈济灾民，合力消除暴乱隐患。果如其所料，越人心中十分厌恶征战离乱，平民百姓十分渴望平安度日，当得知楚王对于东地并无征伐之意，剑拔弩张的气氛顿时缓和。在庄蹻等人的竭力劝说下，诸暨、会稽等地的越人君长纷纷带领族人投到庄蹻军中，帮助楚国大军分发救灾粮食、安抚受灾百姓。见大局已定，庄蹻不再耽搁，亲率楚军骁勇将卒，乔装潜入暴乱最为激烈的江浙腹地，寻找渗入东地的齐国奸细和组织暴乱的百越贵族。数日间，庄蹻神兵便将挑衅滋事的齐奸首领和组织暴乱的越人主谋枭首示众，威慑了传播谣言者，逮捕了密谋暴乱者，控制了趁火打劫者。庄蹻凭借不凡的胆识和严谨的谋略，让百越诸族避免了一场灭顶之灾，让江东各地避免了一场战争浩劫。

危机消除以后，庄蹻大军并未休整，而是马不停蹄深入灾区，帮助越人排除沟渠积水，开展灾后补种，一心只想追赶农时，为越人多争取一点秋后的收获。庄蹻的举动感动了东地百姓，众人联名上书，请求楚王恩准庄蹻率兵留驻江东，抵御强齐，护卫地方。楚王熊槐接到东地捷报，得知庄蹻一行以区区数千人的力量，肃清了东地数万人的民变之祸，大喜过望。他当下令人拟诏，封庄蹻为江东郡司马，率领大军，驻守东地。

将不在勇而在担当

在社会动荡的战国时期，政治的变革，军事的冲突，思想的碰撞和文化的繁荣，在广袤的中华大地上激发了许多轰轰烈烈的大事，成就了许多名垂青史的人物。由于史书记录的疏漏，有一大批良臣干将的丰功伟绩被湮没于浩瀚的历史长河中难以寻觅。但是，先贤们所树立的爱国爱民、勇于担当的民族精神，却始终流淌于中华儿女的血脉之中。

百家争鸣

春秋战国时期，维护奴隶主宗法等级制度的“周礼”遭到极大破坏，中国社会处于奴隶制崩溃、封建制确立的变革阵痛之中。周王室日渐衰微，诸侯争霸，战火纷飞，经济凋敝，人口锐减，农民流亡，民生艰难。为了救民于水火，救国于危难，列国的知识分子们打破了庶人不议朝政的传统观念，转而对天下兴亡进行深层次的思考，自觉地开始针对时政著书立说，传播自己治国理政的理念，呼吁重建规范稳定的统治秩序。他们中的许多人纷纷周游列国，在为诸侯出谋划策的过程中，渴望能以思想为导向，改变政治混乱的社会态势；以策略为手段，解决战争频仍的动荡格局。一时间，孔子、孟子、墨子、荀子、老子、庄子、列子、韩非子、商鞅、申不害、许行、告子、杨子、公孙龙、惠子、孙武、孙膑、张仪、苏秦、田骈、慎子、尹文、邹衍、晏子、吕不韦、管子、鬼谷子等著名人物纷纷涌现。被后人概括为“阴阳、儒、墨、名、法、道、纵横、杂、农、小说、兵、医”十二家的诸子百家，犹如划过天际的流星，带给中华儿女无数智慧的明珠，擦亮了神州大地无数思想的火花。

阴阳学派的代表人物有邹衍、公檮生、公孙发等，在司马谈所著的《论六家要旨》中，“阴阳家”被列为六大学派之首。在《汉书·艺文志·诸子略》中，“阴阳家”被列为“九流十家”之一。“阴阳消息，五行转移”的宇宙观是阴阳家理论的基础，在此基础上形成的“天人感应”和“对立统一”学说，成为影响中国历史发展的重要哲学思想。

儒家学派被誉为“显学”，代表人物有孔子、孟子等。在《汉书·艺文志·诸子略》中，“儒家”被列为“九流十家”之首，以“仁”“礼”为核心的儒学，既是中国传统文化的思想内核，也是维护封建君主专制统治的理论基础。数千年来，“礼、义、廉、耻、仁、爱、忠、孝”的儒家价值观，一直是指导绝大部分中国人日常行为的基本准则。

墨学与儒学并称“显学”，是先秦时期与儒家相对立的最大的一个学派，代表人物是墨翟。墨家学派是一个有领袖、有学说、有组织，以宣扬仁政为主旨的学派，“兼爱”是墨家“大同思想”的核心。墨者往往具有强烈的社会实践精神，其救世济民的行为和“强不执弱、富不侮贫、贵不傲贱”的主张转化为中华民族的传统美德代代延续。后期，墨家分离成两支，一支注重认识论、逻辑学、几何学、几何光学、静力学等学科研究，被称为“墨家后学”；另一支则转化为秦汉时期以维护社会公理与道义为责任的游侠。墨家追求全天下人人平等的理想社会，反对儒家强调的社会等级观念，可以说是西方“博爱”思想最古老的源头。墨家兼爱、尚贤、尚同、节用、节葬的思想，在中国古代思想史上占据了重要的地位。

名家是战国时以辩论名实问题为中心的一个学派。代表人物有惠施、公孙龙等。名家学派地位不及儒、墨、道、法诸家，对后世的影响也远不及上述诸家，但它却以擅长概念分析而驰名天下。名家的一些哲学命题，是当时诸子百家纷纷讨论和辨析的中心议题，各家各派各具特色的热议，让名家在中国逻辑思维发展史上占有了重要的地位。

法家是春秋战国时期的一个重要学派。代表人物有管仲、子产、李悝、商鞅等。变革精神是法家理论的灵魂，法家认为“古今不一度”，社会是与时俱进、不断演变发展的。因此，“固守先王之道”是行不通的，要想使社会实现长治久安，就必须适时推进制度变革，加强法治社会建设。法家十分注重“法”“势”“术”——管理制度、管理权威与管理技巧完美结合的治国方略。法家思想是秦建立中央集权封建王朝的理论依据，是中国古代封建社会的政治框架与法治主体，是中国封建社会两千多年来稳定发展的制度核心。

庄蹻生长在与孟子相近的战国时期，开蒙习字时受到了儒家学者“仁”“礼”观念的熏陶，习武学战时受到了墨家游侠救世济民行为的感染，为官执政时又受到了法家高士以法治国观念的规范。因此，在时代的大背景下，他养成了捍卫真理、吃苦耐劳、严于律己的道德品质，以及遵守法制、锐意变革、为民谋利的行为准则。被任命为江东郡司马以后，他不仅忠于自己带兵守土的职责，还以一片爱国爱民之心，主动协助郡守，为东地的河流疏浚、经济发展和社会稳定竭尽全力。

楚王中计

早在公元前328年，魏国人张仪持连横之说得到了秦惠文王的重视，被任命为秦国的国相。张仪凭三寸不烂之舌，多次游说齐、楚、燕、韩、赵、魏等大国，一边许以重诺，一边贿以重金，极力拉拢人心，暗中培植党羽。张仪如此努力的真实意图是通过结交盟友，在瓜分弱国领土的同时，瓦解六国同盟，抵抗合纵之势，形成秦国一家独大的有利局面。张仪利用数次公开出使楚国的便利，成功地通过巨金贿赂，结交了楚王熊槐的宠姬郑袖、上官大夫靳尚和令尹子椒等人，时常互通信息，共同维持秦楚连横之策。公元前319年，楚王熊槐任命年轻的屈原为左徒（副国相），着手制定《宪令》，实施变法革新。公元前315年，楚王熊槐根据屈原合纵的主张，与齐国结为联盟，共同对付秦国，这严重触动了子椒、靳尚和郑袖等人的利益，动摇了秦楚连横的根基。为此，众人暗中与张仪勾结，想方设法谗言诋毁屈原，刻意破坏合纵盟约。公元前313年，张仪带大量礼品出使楚国，在打点好楚王熊槐的宠姬和权臣后，便向楚王熊槐提出了以“撕毁齐楚盟约换取秦国六百里土地”的优渥条件。这条件如此诱人，不由得楚王熊槐不心动。加之郑袖和靳尚等人的鼓动，优柔寡断的楚王熊槐不假思索，欣然接受了张仪的条件，主动派出使臣前往齐国递送国书，断绝了与齐国的盟约。其后，张仪赖账，拒不交出承诺的六百里土地，令自尊心极强的楚王熊槐倍受打击。他不顾众大臣的劝阻，没做任何战略准备，就派兵遣将、北上攻秦。匆忙出师的结果不言而喻，楚军还未走出函谷关便受到秦、齐两国联军的夹攻，准备不足的楚军阵脚大乱，大败而归，不仅未得寸土，还丢失了楚国六百里大好河山。败归之后，楚王熊槐终于沉下心来，再次听取已被贬为三闾大夫的屈原之良策，命令使臣迅速前往齐国面见齐王辟疆，致以歉意，赠以重礼，晓以利弊，重订齐楚盟约，稳定了楚齐两国合力对付强秦的战略格局。这一局面是秦国逐鹿中原所不愿看到的。为了破坏六国的合纵，秦国又一次派出使臣前往楚国，谎称愿意归还刚刚夺得的楚国六百里汉中之地的一半，以换回秦楚两国的再次结盟修好。意气用事的楚王熊槐声称，不要秦国归还一寸土地，只要张仪一人入楚伏法，以血被骗之耻即可。结果，张仪冒险入楚，却在郑袖、子椒等人的帮助下顺利逃脱，令再次受骗的楚王熊槐更加刚愎自用，做出了一系列误国误民的武断决策。与此同时，识破张仪诡计的屈原，反而成了楚王后宫宠姬、前朝宠臣的眼中钉肉中刺，接二连三地被谗害贬官，令楚王熊槐远离了能真正帮助自己及时纠正错误、合理制定国策的良臣能士。

公元前300年，迫于秦国的军事压力，楚王熊槐派太子熊横赴齐国为人质，重新与齐国建立起强大的军事联盟，力图从东、南两个方向，形成钳制秦国东扩的有利格局。面对楚齐联盟强大的政治军事压力，秦王嬴稷（即秦昭襄王）做出一副诚惶诚恐的模样，主动放低姿态，派出使臣，约请楚王熊槐到武关会盟，准备与其谈判归还前些日子侵占的楚国领土。当屈原听到这一消息后，立即认为其中必有奸诈，为防止楚王熊槐上当受骗，他不顾自己官小言微，立即拉上昭睢等忠义之臣前往楚宫，企图劝解楚王熊槐回心转意，放弃亲往武关的鲁莽决定。可是，昏庸的楚王熊槐在小儿子子兰的怂恿下，以秦楚两国已互为婚姻、奸相张仪已被秦王革职驱逐为由，拒绝了忠臣们的劝阻。

公元前299年，楚王熊槐应约前往武关。果不出屈原等人所料，毫无准备的楚王熊槐被秦王嬴稷凭借武力，强行扣留。随后，楚王熊槐被秦国大军押解至咸阳，关押于秦王重臣的一处私宅里。每天，秦王都让人尝试不同的方法来诱逼怀王，想胁迫他割让楚国的巫郡和黔中郡。但是，无论如何，楚王熊槐都坚决拒绝，不予理睬。巫郡和黔中郡在楚国的地位极为特殊，两郡不仅拥有大量维持楚国国民生计的重要盐源，更是楚国联通西南夷的重要通道。每年经过两郡来来往往的商队，给楚国带来了大量的贸易税收和稀有珍宝，尤其是来自西南夷的铜、锡矿料，占据了楚国青铜冶炼的半壁江山。而且，拥有大量黄金货币是楚国强盛的重要基础，而荆楚一带并无金脉，楚国黄金大多是采自西南夷的丽水（今金沙江）沙金。如果楚国丢了巫郡和黔中郡，就等于失了楚之国本，身为一国之君的楚王熊槐，怎么可能不明白其中的道理。因此，虽然受尽折磨，楚王熊槐也始终不屈服于秦国的淫威。

君鬻国，民不甘

楚王熊槐受骗入秦以后，质于齐国的太子熊横知道变故急欲赶回郢都即位，可齐王坚决不允。情急之中，熊横妄自许诺，只要自己能回到楚国顺利登基，日后一定将楚国东地六城割让于齐，以报齐王相助登位之大恩。于是，在齐国大军的协助下，熊横顺利回归楚国即位，即楚顷襄王，任命幼弟公子子兰为令尹。

公元前296年，回归无望的楚王熊槐在忧郁中客死于秦国，楚国上下悲痛万分。屈原闻讯后既怜楚怀王不听忠言误国误己，又恨谗谄奸佞导致其被囚于秦，忧愁叹息而作《离骚》："……长太息以掩涕兮，哀民生之多艰。余虽好修姱以鞿羁兮，謇朝谇而夕替。既替余以蕙纕兮，又申之以揽茝。亦余心之所善兮，虽九死其犹未悔。怨灵修之浩荡兮，终不察夫民心。众女嫉余之蛾眉兮，谣诼谓余以善淫。固时俗之工巧兮，偭规矩而改错。背绳墨以追曲兮，竞周容以为度。忳郁邑余侘傺兮，吾独穷困乎此时也。宁溘死以流亡兮，余不忍为此态也。鸷鸟之不群兮，自前世而固然。何方圜之能周兮，夫孰异道而相安。屈心而抑志兮，忍尤而攘诟。伏清白以死直兮，固前圣之所厚……”当年，楚王熊槐被秦国囚禁后，屈原等大臣的愤怒和指责，令罪魁祸首公子子兰在楚国的日子极为难堪，也令他暗中生出寻机报复的祸心。见到《离骚》之后，子兰如获至宝，立即抄录一份送给楚王熊横，并挑唆说：“因为屈原等人对大王割让东地于齐国一事非常不满，所以在辞赋中将大王暗喻为荒淫无道的昏君。口说无凭，以此辞赋为据！”楚王熊横先还不以为然，但仔细读了几遍《离骚》之后，越来越感到生气，加之耳边又听到了别的大臣对于屈原的诬陷，终于忍无可忍，令人拟诏，将屈原放逐到荒芜的江南之地。

其实，签署割让东地的文书，一直是楚王熊横心中最大的隐痛。作为一国储君，在齐王的威逼下，自拟卖国盟约不说，还要犹如贱民般地按上自己的手印，内心深处的屈辱，只有楚王熊横自己最能体会。即位以后，楚王熊横先以父王滞于强秦，自己暂无权力处理割地一事为由，迟迟不履行与齐国的条约。楚怀王客死于秦后，齐国派出使臣威胁楚王熊横道：“楚王若再继续抵赖，不履行割让东地之协议，齐国将撕毁楚齐盟约，结交强秦，共同出兵征伐无义楚国。”立足不稳的楚王熊横万不得已，只好违心地颁布诏令，让江东郡军民拱手让出东地。

齐国位于东地的北方，在春秋战国时期一直是独霸一方的诸侯大国。多年来，齐国都想将吴越之地吞并入自己的版图，所以常常以各种各样的借口对东地进行骚扰。先是挑起楚越之战，令越遭受灭国之灾，现在又借楚国危机，妄想占地，这让深知齐王暴戾的东地民众极为愤慨。接到楚王让将东地军政要务悉数交给齐国接收大员、楚国将官回都城另行任命的诏令以后，庄蹻心如刀割、感慨万千。自从率领楚军东向而来，庄蹻等楚国子弟已在东地苦心经营了十六年。这些年，将一片汪洋的沼泽之地，逐步开发为物丰水美的鱼米之乡，对于这片土地的感情，庄蹻并不比土生土长的越人少，甚至因为付出的全是心血，他对于这片沃土的热爱，比普通越人更多几分真挚。让自己不动一刀一剑，便将这大好河山拱手相送，他从心底无论如何都不能接受。然而，由于长期奉行轻徭薄役、养民生息的政策，东地的兵员数量有限，迎战来自楚齐两国夹攻的胜算不大。但是，眼见东地军民皆怒发冲冠、人心激愤，庄蹻知道自己不可再行犹豫而错过这军民一心、同仇敌忾的战机。于是，他不顾个人荣辱毅然宣布，自己将违抗楚王之诏令，亲率东地兵卒，前去抗击气势汹汹的十万齐兵。

得知庄蹻举义旗率众抗拒强齐的入侵，东地百姓有了抗争的主心骨，有了战胜敌人的信心。虽然起兵匆忙，来不及进行细致的战略准备，但当大军开拔时，庄蹻发现自己的身后多了一支庞大的平民队伍。有的越人摇着乌篷船送来了大量的粮草，有的越人将自家的马车改装为战车驾至军前，有的越人亲手缝制了衣帽鞋袜逐一塞给即将出征的将士。更有甚者，百越之族自己招募了青壮，提着用农具改良的兵器，列队站在了大军之中……这五颜六色的东地子弟兵，令庄蹻顿时豪情万丈。只见他立马军前，回首一视，猛拉缰绳，战马长嘶，拔出长剑，用力一挥，千军万马，整齐进伐。这支背负着保家卫土重任的队伍，很快挫败了趾高气扬的齐国军队，也令准备协助齐军收编东地的楚国军队找到了退兵的借口，乘机收兵退回楚国。

虽然初战告捷，但庄蹻并不敢掉以轻心。收兵回营以后，他就将具有战斗经验且机敏善战的兵士选拔出来，安置到新加入的越人自募营中为统领，立即着手进行新兵训练。随后，他亲自拜访越人各部族的族长，协调族群关系，打乱原来单一的以族群为基础的建制，进行统一的整编，获取正规东地兵十万，闲时为民、战时为兵的战备军十万，以及由年纪稍长、体力稍差的民夫所组成的后勤役夫十万，总计三十万人马。灵活的军队建制既保障了东地战事的需要，也为东地的经济发展留足了劳力，还为东地百姓减轻了大量的供养负担。此后，齐、楚两国虽数次派兵东地，但因种种原因，均未占到丝毫便宜。一时间，东地严峻的局面趋于缓和，广大民众在战火纷飞的年代，获得了暂时安稳的生活。

漫漫西南路

先秦时期的红土高原，并非是一片没有人烟的荒地。在这片美丽的土地上，生活着许多中国史册上记载很少的古老民族。由于西南地区民族众多，风俗习惯、语言文化、发型衣饰等差异极大，且由于地理条件限制，西南各民族与内地的交往非常有限，故而被中原士人统称为“西南夷”。自视为“蛮夷”的楚国，一直以一种平和、包容的心态，积极推进与西南地区的人员物资交流，在实现楚国国力不断强大的同时，有力推动了高原文明的发展。

重归荆楚

违背楚王诏令，拒绝交割东地于齐国之后，庄蹻成为楚国的罪臣，时常枕戈待旦以防来自齐、楚两国的征讨，日子过得非常辛苦。然而，自小耳濡目染的忠君爱国思想，让他并未对楚国心生怨恨，而是时刻渴望着能够有一天重归荆楚，为国效力。公元前277年，当他得知秦国大举入侵楚国，烧毁楚国先王陵墓，迫使楚都东迁于陈后，心里十分痛惜，暗中派人打探消息，随时准备率部抵御秦军。这日探子回报说："将军，楚国大夫庄辛奉楚王之命，正日夜兼程，前来东地招抚东地大军。"庄蹻闻言，心中一阵激动，立即带上身边将领，出城数里，前去迎接。接受楚王诏令之后，他立刻安排兄弟接手东地防务，自己整饬人马，率领十万正规东地兵，辞别老母、娇妻和幼子，跟随诏抚使回归楚国。

大军启程前夕，庄夫人抚琴轻诉，一曲《九歌·湘君》自弦中轻轻地滑出，如泣如诉："君不行兮夷犹，蹇谁留兮中洲？美要眇兮宜修，沛吾乘兮桂舟。令沅湘兮无波，使江水兮安流。望夫君兮未来，吹参差兮谁思？驾飞龙兮北征，邅吾道兮洞庭。薜荔柏兮蕙绸，荪桡兮兰旌。望涔阳兮极浦，横大江兮扬灵。扬灵兮未极，女婵媛兮为余太息。横流涕兮潺湲，隐思君兮陫侧。桂棹兮兰枻，斫冰兮积雪。采薜荔兮水中，搴芙蓉兮木末。心不同兮媒劳，恩不甚兮轻绝。石濑兮浅浅，飞龙兮翩翩。交不忠兮怨长，期不信兮告余以不闲。鼂骋骛兮江皋，夕弭节兮北渚。鸟次兮屋上，水周兮堂下。捐余玦兮江中，遗余佩兮醴浦。采芳洲兮杜若，将以遗兮下女。时不可兮再得，聊逍遥兮容与。”征人远行、佳人苦盼的哀怨令将军柔肠寸断，但国家危亡、壮士报国的豪情又让将军策马前奔。

听说庄蹻被成功说服，率十万东地兵卒前来勤王，楚王大喜过望，亲自率领文武众臣，迎接东地大军于陈都城门之下。随后，楚王授予庄辛“执圭之赏”，封为阳陵君，赐予淮北之地；任命庄蹻为大将军，立刻领兵西去，收复被秦国掠去的西部国土。虽说面对强秦的征战没能得到楚国常规军队的有力增援，但长期训练有素的东地兵极为骁勇，加之秦军连续多年挫败楚军，有了轻敌之心，让庄蹻发现了其安营扎寨的破绽，以迅猛之势，奇袭获胜，很快就取得辉煌的战绩。公元前276年，庄蹻率十万东地兵，收复江旁的十五座城邑，重建黔中郡，楚国腹背受敌的境况得到缓解，楚国军民信心提振，社会发展活力十足。

小胜班师，回到都城，有了闲暇的庄蹻开始四处寻访名震荆楚的忠臣屈原，期冀能得到他的指点，增长自己的见识，提高自己的能力。多方查找后才知道，楚怀王死后，屈原就被流放到沅、湘一带。郢都城破之时，屈原悲愤于楚国山河破碎，口中高唱“举世皆浊我独清，众人皆醉我独醒……宁赴湘流，葬于江鱼之腹中。安能以皓皓之白，而蒙世俗之尘埃乎！”自沉于汨罗江中。庄蹻十分敬仰屈原的道德文章、爱国情怀，他不顾楚王和令尹子兰对于屈原的忌讳，模仿普通百姓五月初五江边祭祀屈原的做法，备了水酒，独自来到江边，挥泪高歌屈原的名章《天问》：“曰：遂古之初，谁传道之？上下未形，何由考之？冥昭瞢暗，谁能极之？冯翼惟像，何以识之？明明暗暗，惟时何为？阴阳三合，何本何化？圜则九重，孰营度之？惟兹何功，孰初作之？斡维焉系，天极焉加？八柱何当，东南何亏？九天之际，安放安属？隅隈多有，谁知其数？天何所沓？十二焉分？日月安属？列星安陈？……薄暮雷电，归何忧？厥严不奉，帝何求？伏匿穴处，爰何云？荆勋作师，夫何长？悟过改更，我又何言？吴光争国，久余是胜。何环穿自闾社丘陵，爰出子文？吾告堵敖以不长。何试上自予，忠名弥彰？”庄蹻这既是在问天，也是在问自己；既是在问百姓，也是在问帝王；既是在问鬼神，也是在问自然；既是在问历史，更是在问现实……

“异己”不可用

战国时期，楚国青铜铸造的原材料一部分取自大冶（今湖北东南部）铜绿山，另一部分取自西南的滇池流域。公元前275年，楚国应燕国之请，令将军景阳率三万人马前往驰援，结果与魏、齐、韩三国联军胶着于雍丘（今河南杞县）一带进退不得，魏军乘机偷袭了楚国后方，夺取了大冶铜绿山，导致楚国青铜原材料补给断绝，军队武器装备补充困难。

公元前275年年底，从黔中郡凯旋陈都的十万东地越兵驻扎于都城之郊，思念家乡的越人完成一天的训练后常聚在一起吟唱越歌，婉转的越语软歌在暗夜里显得有些凄凉，哀哀怨怨的曲调激起了将卒心中沉淀的共鸣，众多的和声在夜空中萦绕徘徊、久久不绝。回到陈都已有半月，奋力掠地拔城的东地兵并没有得到楚王的任何封赏，最令人气恼的是，东地兵获得的粮草装备总不如楚兵，如若兵卒间发生争执，受到重责的永远都是助楚抗秦的越人……这些不公平的待遇令东地兵的情绪有些焦躁，但跟从主帅的忠心，让他们强忍胸中的怒火，忍气吞声，逆来顺受，尽可能地将不满放下、将矛盾化解。伴随着晚风的低鸣，越人无法排解的苦闷，在歌声中慢慢荡漾开去。

一直以来，屈原身后的威名，令公子子兰十分忌惮。当他得知庄蹻独自到江边拜祭屈原的事情之后，惧于庄蹻的功绩和东地兵的战斗力，总想找机会将他除之而后快。他发现楚王对东地兵聚于陈都心怀忧虑，立即抓住了这一铲除异己的大好时机。他上书密奏道："东地之兵虽然神勇，但终归是越人而非楚裔，不得不防！解除庄蹻兵权，就地解散东地兵，又十分可惜。特请大王从楚国的长治久安考虑，将庄蹻及其东地兵派往西南，开疆拓土，既可维系楚国的军事储备和经济繁荣，还可化解众多越兵聚于都城之危害。”楚王收到这样一条两全其美的妙计之后，立即颁布诏令，封庄蹻为大将军，率领东地兵，取道苍梧，北入蜀境，包抄秦军，切断其后路，彻底消灭秦军在西南地区的势力。随后，大军继续西进，收复黔中、巫和西陵三郡全部失地，再进一步开拓疆土，收服民心，促进贸易，运输物资。自从大冶铜绿山失守之后，楚国兵器铸造的铜锡之缺已日显迫切，楚王在诏令中一再强调，东地兵必须尽快打通关隘，从盛产金属的西南地区运输青铜原材料至楚。

接到楚王的诏令，庄蹻未敢滞留，立即率领十万东地人马溯湘沅而上，先是攻取了秦国的巴郡，留下一队人马驻防，再跨越丹山山脉，折入黔中，收复黔中郡，掌控了楚国西进的门户。然后持兵器之利，攻入西南，恩威并用，降服了且兰（今贵州都匀、福泉、黄平、贵定等地）和夜郎（今贵州西部、云南东北部、四川南部和广西西北部地区）两国的君长，使其率众归服，诚心地尊奉楚国为宗主，并为大军提供后勤保障。自且兰弃舟上岸后，庄蹻大军西进已没有了水路之便，粮草辎重必须依靠牛马驮力才能挺进莽莽丛山、郁郁荒岭，一时间马匹和车辆极其匮乏。这时，且兰和夜郎国君长虽已归降，但其境内的各个部落族群散居四处，并不完全听令于君长，所以大军征调役夫和马匹的工作进展得十分缓慢。为了不耽误过多时间，庄蹻派得力副将殿后，负责运送粮草辎重，自己则亲率先锋人马，在前方开路。由于运输能力有限，大军前进得艰难而缓慢。特别是进入山区以后，兵卒将勇既要劈山开路、搭桥过河，还要四下寻找、补充军需，遭遇到的困难有甚于一场场鏖战，人马非战斗损失日显严重。

从黔中郡前往西南地区的道路古已有之，在史前人类的大迁徙中，远古先民曾在这崇山峻岭中留下了西迁东进、南来北往的足迹。周天子立朝以后，东西方的贸易量逐步增多，各国商贾为了追逐地区间的丰厚利差，利用山形地势，在荒山野岭中踩出了一条由中原经滇池地区至身毒（今印度）的商道——蜀身毒道。蜀身毒道东端由灵关道、朱提道和黔中道组成。战国末期，重农抑商的秦国占据了北方灵关道和朱提道的要隘以后，只有这南方黔中道还略能通行。在此期间，由于中原地区的战争消耗不断增大，西南地区的人口数量不断增多，中原各诸侯国与西南夷之间物资交流需求日显迫切。这一需求促进了楚国西南边界各民族间的商品交换活动，西南地区丰富的畜产、金属和漆料等战略物资源源不断顺着艰难的山间小道进入东部，中原地区盛产的布匹、粮食和食盐等紧俏物资又在马帮的驼铃声中进入了高原。在物资的交流中，通道沿途形成了几个较为固定的集市，周边的居民常以自家的筰马（筰族地区所产之马）、牦牛、兽皮和野物到集市交换缺乏的物资。庄蹻得知这一情况后，立即派人寻访可以获得畜力的集市。在当地居民和楚国游商的帮助下，楚国大军购买到军队急需的筰马、僰僮（僰族之奴隶）和牦牛等紧要畜力和劳力，大军西行的运输压力有所缓解。

西南高原密林无边，莽莽群山中除了山高路陡、蛇蝎虎豹以外，还有令人恐惧的毒瘴瘟疫、猎头部落。进入西南山区之后，庞大的马车已无法前行，大军只能撤了车驾，模仿当地马帮，在马鞍上架上马驮运输物资。长途劳累和粮草供应不济，使军中许多将士疲惫不堪、身体羸弱。尤其麻烦的是，由于对西南地区的地理人文和气候条件了解不多，大军贸然选择在夏季挺进西南。这一时期，山中雨水颇多，不仅时常暴发洪水和泥石流等自然灾害，而且由于气温过高，痢疾、热病、山岚和瘴毒等都极为肆虐，内地常用的药石对于西南地区特殊的病症效果甚微，导致许多年轻的兵卒将性命白白地交待于异乡。

当楚国大军终于走出深山，进入了高原的一处平坝时，主帅庄蹻命人重新整饬队伍，清点人数。一番重新整编以后，出发时的十万人马，此时只余两万多人，多少江东好儿男倒在了西行的荒草之中。回望那走过的漫漫长路，一行人情不自禁、泪流满面。那些能走出阴气重重山林的将卒，身躯和精神从此埋入了红土高原的泥水之中，化作了大山的魂，流水的魄，高原的云彩和森林的精灵。

西南夷

在庄蹻大军到达滇池地区以前，除了土生土长于斯的僰人、笮人等外，还有一些跟随商队从中亚、西亚草原迁徙而来的塞人，更多的是从西北甘青地区逐水草而来的氐羌诸族。氐羌在与西南原住民的长期共存中，逐渐形成以游牧为主要生计的“滇人”和“昆明人”两大部族。滇人主要聚居在美丽的滇池之畔，昆明人主要分布在叶榆（今云南大理）的洱海之滨。

《史记·西南夷列传》中记载：“西南夷君长以什数，夜郎最大；其西靡莫之属以什数，滇最大；自滇以北君长以什数，邛都最大。此皆魋结，耕田，有邑聚。其外，西至同师以东，北至楪榆，名为巂、昆明，皆编发，随畜迁徙，毋常处，毋君长，地方可数千里。自巂以东北，君长以什数，徙、筰都最大；自筰以东北，君长以什数，冉駹最大。其俗或土著，或移徙，在蜀之西。自冉駹以东北，君长以什数，白马最大，皆氐类也。此皆巴蜀西南外蛮夷也。”司马迁笔下的“滇”和“昆明”，就是指源自氐羌的滇人和昆明人。

滇人以椎髻为特征，男子发髻多盘于头顶，女子发髻下垂至后颈状似银锭。滇人的服装较为简单，男女均着宽大对襟短袖上衣，袖长至肘，衣长及膝，穿衣时不系不扣，仅在腰间以一布带束之即可。滇人大多不着裤，仅穿一条短裙，有的从胯下用一宽布带向上缠系至腰际，充当下装。滇人不论男女、贵贱、贫富皆跣足，不穿鞋履。另外，滇人崇拜龙蛇，自诩为龙的子孙，有文身的习俗。从宗教信仰来看，滇人迷信鬼神，经常举行猎头、剽牛等祭祀活动，大多数滇人认为杀鬓髯华美的异族人、敌人或健康的公牛奉献神灵，可以获得健康和地方的平安，因此，滇人视供奉神灵的铜祭柱、铜鼓等为圣物，不容丝毫亵渎。

滇人的房屋建筑分为干栏式和井干式两种。干栏式建筑房屋一般分为上、下两层，人居于上层，牲畜处于下层，中间有横梁和木板相隔。房顶用木板或木条覆盖，上下层有木梯相接。干栏式建筑风格独特浓郁，颇适宜于南方多雨的气候条件，其中屋顶的特点最为鲜明，正面看像一个倒三角，屋脊长于檐口，脊的两端稍稍向上翘，顶部两面搏风板交叉成燕尾状，交叉相接处有突起的钉状物，内侧与圆柱旁伸出的斜撑相接，既起到加固搏风板的作用，又具有强烈的装饰效果。顶端的木条削尖，长出屋脊很大一截，呈放射状，显得雄伟壮观。

基于滇池地区温和的气候条件和受稻作文化的影响，战国时期的滇人已开始了较为普遍的水稻种植。然而，由于尚未引入较为先进的牛耕技术和实用型农具，稻作经济的生产力水平不高，畜牧业是这一时期滇人的主要生活来源。同时，由于纺织原材料匮乏和纺织技术低下，滇人尚无能力进行绩线织布、养蚕纺丝，许多滇人只能衣兽皮、披毛毡，生活水平较之富庶的中原地区相差甚远。此时，滇池地区的矿藏资源开发独树一帜。由于红土高原矿藏丰富，开采条件优越，至战国时期已形成了一定规模的矿冶业，大量半成品的黄金、粗银、铜料和锡砂等金属由高原运往楚国，繁荣了楚国的经济，也给手工业技术滞后的滇池流域，带来了必要的生产工具和生活用品。

滇人由“劳浸”“靡莫”等数十个同宗部落组成，其中以“滇”为最大，族人无姓，父子连名。庄蹻大军入滇之时，“滇”部的首领因孔武有力、能征善战、耿直公正，而被“劳浸”“靡莫”等众部落首领推选为大君长，率领各部共同抵御昆明人的攻击。滇人日出而作，日落而息，畜牧、稻作、渔猎兼顾，生活得简单而快乐。

晋人常璩撰《华阳国志·南中志》曾这样描述：“南中在昔盖夷、越之地。夷人大种曰昆，小种曰叟，皆曲头、木耳、环铁、裹结。”文中的“昆”，就是指昆明人，为红土高原上人口较多、势力范围较广的一个部族。战国时期，随着畜牧业的发展，昆明人人口不断增多，军事力量更加强大，不断向东、西、南三个方向扩张，向东的迁徙使昆明人的生活地域已十分接近滇池地区。昆明人一般辫发，或戴铜制环形头箍，或以黑布裹结，以作固定和装饰。不论男女都喜佩戴木制的大耳环和铜制的宽手镯，服饰特点与游牧民族类似。昆明人处于游牧部落状态，逐水草而居，随牲畜而行，尚无成型的房屋建筑形制。虽为同一部族，但昆明人各部落间并无任何统辖关系，部落间以部落联盟的形式共同生存。根据需要，各部落不时地结成各种同盟，推选其中最为强大的部落首领为大酋长，合力对抗周边别的部族，并通过杀戮和掠夺等方式，弥补单一畜牧经济所导致的饥荒和劳动力不足。由于昆明人具有较为鲜明的游牧特征，族人崇尚武力，以战死为荣、病亡为耻，故而在滇西一带实力极为强大。

由于是不同的部族，且生产生活方式差异较大，四处游牧的昆明人与半定居状态的滇人常常发生摩擦，相互之间战争不断，烧杀抢掠的事件时有上演。两大部族间频繁的战争，给美丽明净的红土高原，笼罩上了一层淡淡的哀愁。

扎根高原

史料中关于庄蹻及其古滇国的记载很少，传世的记述中还存在着内容含混不清，甚至相互矛盾等诸多问题。在现存的历史文献中，唯有《史记》所记载的内容最为翔实可靠。太史公以短小的篇幅，勾勒出庄蹻易服从俗、和谐民族的包容胸襟和高远情怀；以精练的文字，展示出庄蹻率领楚国将卒进入高原、开发西南的历史事实和辉煌功绩。让后世能从庄蹻等人扎根高原、建设高原的壮举中，体会到民族团结进步、边疆繁荣稳定的历史意义。

抵达滇池地区

青铜时代，人类对抗自然的能力极其有限。西南地区山高林密，众多民族被高山大河分隔，相互间交流往来非常困难，这使得散居于西南各地众多民族的文明程度和经济发展水平较之中原地区滞后许多。在人与自然长期的博弈中，自然界的沉重压迫和变化莫测，让西南地区各民族形成了各具特色的原始宗教崇拜。许多民族认为万物有灵，相信万物的灵魂会常常来到人类聚居的地方，不断干预或支配着人们的活动。为了抑制心中对于鬼神的恐惧，也为了向鬼神表达自己的崇敬和愿望，许多民族构建起自己的宗教制度，形成了自己的宗教仪轨，认定了自己的宗教圣物，建起了自己的宗教神坛，并通过族人的共同遵守和严格捍卫，以维护自己心灵的平静和族人生活的安宁。初入西南的庄蹻大军，因不识众多民族千差万别的宗教禁忌，做出了有如擅闯宗教禁地、破坏宗教圣物等不恰当举措，导致了许多规模大小不一的冲突和伤亡，这让本已损兵折将的楚军雪上加霜。西进的艰难，使主帅庄蹻清醒地认识到，楚军进入这陌生的西南高原以后，必须充分尊重西南各民族的宗教信仰和生活方式，才能在和平共处中，实现大军西来的目的。

公元前273年，当楚国大军终于到达滇池地区时，所余兵卒不过两万。由于长途跋涉、疫病折磨，将士们面黄肌瘦，但个个斗志昂扬，人人骁勇善战，所持兵器又极为锐利，战斗实力并未减弱。因为有前车之鉴，庄蹻并没有以武力征服滇池地区的打算。作为主帅，一路上的经历让他明白，在民族众多的西南地区，单凭刀兵硬战，挟持夷方，实非长久之计，必须制定妥当的策略，才能稳定西南，达成楚滇之间的物资流通，促成不同民族间的人员交流。由于对当地的风土人情一概不知，庄蹻命令大军绕开村寨、收敛刀兵、温和前行，尽可能地避免与滇人发生冲突，小心翼翼保持实力，快速行军直指矿区。

高原平地，牛羊成群，蓝天红土，水美草肥，生性质朴的滇人遇到楚国将卒后，往往都会尽全力给予热情款待。看着忙于杀牛宰羊、做饭倒酒的滇人，被艰苦行军折磨得疲惫不堪的楚国将士，感受到了回家的温暖。滇池流域富饶数千里的土地令众人惊叹，高原之上明亮澄净的阳光令众人欢愉，红土地里纯朴大方的滇人令众人动容，虽然九死一生，但楚军将士都深深感到，此次入滇可谓是人生道路上难得的一次奇遇。

到达滇池之滨以后，大军在滇池东岸找到一片平地，庄蹻命令众人搭建行辕，准备长期驻防。待大军安置妥当以后，庄蹻立即派遣信使，前去拜访大君长。信使向大君长表达了楚国大军长期驻扎之目的，不是要与滇人争夺水源土地，更非抢掠人口牛羊，只是为了打开滇楚间的贸易通道，为楚国购置生产兵器的原材料。这一思路与大君长的想法不谋而合。滇池流域虽然物产丰富，取之不竭，但是由于滇人的技艺贫乏，利用效率不高，主要生计还是依靠牛羊。滇人的牲畜业因兽医药不发达，常为疫病困扰，所以牲畜的数量并不稳定，若遇灾年，滇人部落往往得忍饥挨饿。至于布帛，滇池地区更是稀少，部落头领都不能完全满足，一般的民众简直不敢奢求。因此，滇人用筰马、僰僮、牦牛、铜锡、金银、皮毛和丹漆与楚通商，换回米粮、食盐、帛叠（即棉布）、苎麻、丝帛和工具。秦楚两国在西南地区的战争进入胶着状态以后，通商困难，物资被阻，生活必需品供给不足让滇人大君长感到十分烦心。当得知楚军此来仅是为了物资筹集，并不觊觎滇人的牛羊人口，大君长放下心来。他立即让信使转告楚军主帅，滇人将尽全力，支持庄蹻大军开发矿冶，推进贸易。

蜀身毒道

早在公元前4世纪，西南地区的民众就在崇山峻岭中开辟了一条通向南亚次大陆及中南半岛的民间“走私通道”——蜀身毒道。伴随着清脆的马铃声，驮着蜀布、织锦、丝绸和漆器等商品的马队从蜀、巴和黔中等地出发，经滇池地区抵达洱海之滨，再越过高黎贡山去到腾越（今云南腾冲），与印度等国的商队进行贸易，或继续越过亲敦江和那加山脉到达印度西部丘陵地区，然后沿着布拉马普特拉河谷抵达印度平原。印度地区市场经济发达，聚集了来自中亚、西亚乃至欧洲各国的商贩，蜀地的商贾们往往将带去的东土货物换成西域的玻璃、宝石、香料和海贝等，捎带着印度洋的海风，重新回到西南地区。

战国时期，七雄争霸，秦国国势日益强大。自商鞅变法以后，秦国重农抑商，设关置卡，征收税赋。在高额的重税和艰难的山道双重制约下，许多商贾不愿意再冒险西行，使这条当时中国与西方世界连接的唯一通道渐渐湮没在荒草烂泥之中，越来越难以辨认通行。

物资流通，交通为基。为了重修古道，庄蹻派出得力说客四处联络，最终获得了楚王的支持，筹备了大量的筑路物资。又在且兰、夜郎两国君长以及滇大君长的配合下，购买大量骡马，并征召滇人、濮人等充当役夫。有了资金和人马，庄蹻即任命军中副将为筑路工尹，依照楚国车马制度修筑驰道直抵且兰，再借湘沅水路便利，建立由滇池向陈都运送物资的通道。由于商道沿路尽是崇岭深壑，山高水长，云遮雾罩，崎岖蜿蜒，修路工程艰险而缓慢。同时，因为楚国战略物资十分紧缺，楚王一再下令加速工程进度，庄蹻无奈，只好大量减少了驿站和关隘的建设，仅以最基本的走马功能为目标，尽快打通滇楚通道。修路的将卒和役夫，一边要在人高的荒草中寻找故道的路基，一边要开山打石夯土扩路，虽竭尽全力，还是耗时颇多，才重新全面打通楚国黔中经夜郎入滇的黔中道。随后，庄蹻迅速组织人手，将滇地的骡马、僮奴和金属运回楚国。考虑到滇楚贸易的重要性，待有余力，庄蹻便立即命人在黔中道沿途山势险峻、盗贼猖獗的地方修建关隘和税卡、驿站和馆舍，保护商旅，稽查税收。在庄蹻的主持下，黔中道重修工程虽然费力，但使楚国与西南地区的贸易从以前的私商状态，转变成为民间与官方合作推进的新型模式。黔中道很快成为西南地区的交通主干和经济脉络，通道两端以至沿途地区，都从古道的重建中获得了发展机遇。

鉴于当时楚国最紧缺的物资是打造青铜器的原材料，所以在安排人员筑路建卡的同时，庄蹻亲率人马，开始了铜锡的开采和冶炼。青铜器是由青铜（红铜和锡的合金）制成的器具。战国时期是中国青铜文化发展的鼎盛时期，所制造的青铜器包括炊器、食器、酒器、水器、乐器、车马饰、铜镜、带钩、兵器、工具和度量衡器等，涉及生产、生活、礼乐和战争等方方面面，是当时中国社会运行和国家强盛的最基本要素。楚国青铜冶炼和铸造技术在“战国七雄”之中首屈一指，不仅全面掌握并推广了分铸焊合技术，还在陶范法的基础上独创了失蜡法和漏铅法等铸造工艺，为楚国称霸群雄奠定了坚实的物质基础。楚王诏令庄蹻大军挺进西南，就是看中了滇池流域丰富的矿藏，期望大军西拓，从根本上解决楚国青铜冶炼的缺料之急。

庄蹻进入滇池地区时，西南各族的青铜文明已然形成，虽然在技术上还与中原地区存在较大的差距，但在长期的采冶过程中形成了自己独特的风格。当时，滇人主要在俞元（今云南江川、澄江）开采铜矿，在律高（今云南通海）、贲古（今云南个旧、蒙自）开采锡和银铅矿，进行粗炼以后，或运往秦楚两国边界销售，或运送到滇池边上的滇王廷进行青铜铸造。但是，战国末年，滇楚通道和滇秦通道都不畅通而且极为艰险，加之滇池地区的开采、冶炼和铸造技术较为落后，导致滇人从矿冶中的获利很低，所以一直以来发展缓慢，每年生产的矿料数量不多。庄蹻看到这一情形后非常着急，一边写好奏章命令使者送呈楚王，请求给予帮助，征召开矿、冶炼和铸造匠人前来西南，帮助滇人提高矿冶生产能力；另一方面，在滇池东岸建立滇池邑（今云南晋宁），设匠署、置矿尹、修炼炉、建矿务，致力发展矿冶。随着大批矿冶匠人的到来和先进矿冶技术的引入，滇池流域矿业开始渐渐兴盛起来，在滇池南岸炼炉的"噼啪"声中，越来越多粗炼过的铜、锡、铅料经马驮船运，源源不断输往楚国。

且将他乡作故乡

大军驻滇数年，庄蹻多次上书请求班师，都未能得到楚王的应允。自己与东地将卒都极为思念家人，但得不到楚王的诏令也不敢擅自回返，只能一边尽心尽力为楚国置办急需的物资，一边根据滇池地区的发展需求，鼓励诸侯列国的商贾前来贸易。长期的同甘共苦，众多楚越将士早将自己当作了集体大家庭中的一员，眼见大军短时无法回归，大家都将对妻儿老母的思念深深地埋在心底，绝口不提返乡之事。众人已融为一体，大将军庄蹻在哪，哪就是众人的心之所属、足之所驻。大将军遵守王命，忠心戍边，众人唯大将军马首是瞻，勤于职守，在默默的等待中，一步步地改变着西南山川的面貌，改善着滇池地区众多部族的生活。

这一时期，黔中道上的人烟渐兴，沉寂多年的山谷，重新迎来队队马帮，悠扬飘荡的马铃声，将沿途的众多部族逐渐串联在一起，人们在物品的交换和情感的交流中，越来越感到彼此共存的重要。为了便于运输，庄蹻将当年大军弃船上岸的且兰城改名为牂牁，设河丞和津吏负责管理牂牁的水务。随后，牂牁官吏开始安排人手，沿舞阳河至沅江，修驿馆，设税卡，建立水陆通商码头，为来往商队提供必要的帮助和服务。来自楚国的丝绸、布匹和粮食等物资通过舟楫溯沅江运到牂牁码头上岸，再装驮，由牛马转运入滇，产自滇地的铜、锡等金属和兽皮、丹漆等物资再反向运到楚国，为楚国的争霸之战提供了有力的战略补充。

在忙于矿务和运输的间隙，庄蹻为了能真切地了解和熟悉滇池地区的情况，常常带领亲随，换上滇人的衣饰，深入民间视察。这日，一行人从俞元（云南古城，在唐天宝年间的大地震中沉入湖底）怀山铜矿返回，由于一路之上多探视了几个砂丁的聚居点，耽误了不少的时辰。见天色渐暗，庄蹻决定借宿于大池（今云南澄江抚仙湖）边的滇人家中，顺便访查一下滇人的生活状况。一行人沿着大池北岸，放松马缰缓缓而行，只见月牙初现，柔美的银光洒满了清澈的湖面，粼粼的波光中泛出淡淡的青辉，静谧的水气中洋溢着暖暖的温存。行不多时，便看见前方有一户滇人的柴扉，庄蹻扬鞭示意，跟在身后的亲兵立即会意，翻身下马，前去叩门。其他人等各自下马，找了几块巨石，一一将马匹拴好。

少时，主人家已随着亲兵前来相请。进入院落，主人见来人太多，窄小的里屋无法容纳，便让家人在院内的葫芦藤下支了两张长案，放了十几个草墩，让大家且先坐下，自己去张罗食物。不一会儿，就听到后院一阵忙乱，人喊羊咩，很快冒着热气的肉汤便端上了桌。在主人热情的招呼下，众人也没推辞，端起陶碗，稀里哗啦地吃了起来。吃得正欢之际，隐隐约约听到小孩子似有似无的哭声从后院传来。庄蹻感到疑惑，站起身来，寻哭声悄悄找去。

听了孩子的哭诉庄蹻才明白，由于生产力水平低下，滇人的畜牧业产出并不稳定，稻作常常歉收，渔业能力有限，大部分滇人挣扎于饥饿贫困的边沿。滇人淳朴厚道，常常竭尽所能，汤羹饭食招待宾客，所以楚国大军驻扎滇池地区以后，虽加大了楚滇之间的贸易，提升了滇池地区矿冶产量，但并未给当地的滇人带来多少实惠，反而增加了当地民众的供养负担。这一次探访让庄蹻明白，当务之急不是送给这些善良的滇人少量的银钱、布匹、盐巴和粮食，而是帮助他们尽快提高生产能力，才能真正让大家摆脱挨饿受冻的窘境。返回滇池邑后，庄蹻没有休息，立即召集军中能士，共同商议爱滇、护滇、兴滇之策。

众人入滇以来，深为滇人的质朴所感动，内心深处都早有帮助滇人实现温饱之设想，故而一听到主帅提出的建议，便纷纷从自己独特的视角，向庄蹻提出了一系列的兴滇策略。其后数天，众人翻山越岭、四下走访，充分掌握了滇池流域稻作渔业水平低下的具体原因，并在调查手札的基础上拟成施政方案，准备从楚地引入先进的稻作方式、农业工具以及能工巧匠，着力推进滇池流域的社会经济发展。随后，庄蹻首先向楚王上了一道言辞恳切的奏章，请求楚王恩准大军尽快返楚，以减轻滇人的供养负担。再详细地写了一封书信，恳请楚国的亲友帮忙聘请工匠、购买农具和种子，前来滇池地区帮助滇人发展经济。然而，奏章和书信发出多时，却一直没有得到回音。

公元前271年，秦王嬴稷再次派遣蜀郡郡守张若伐楚，攻取巴、巫和黔中三郡，占据关隘，设置路卡，毁坏沿途所有驿站，庄蹻大军与楚国的正常联系全部被切断，入滇楚军的回师之路悉数断绝。别无他法，庄蹻只好命令手下在滇池邑进行城防加固和城邑扩建，做了长期留驻的打算。

“帝子降兮北渚，目眇眇兮愁予。袅袅兮秋风，洞庭波兮木叶下。登白薠兮骋望，与佳期兮夕张。鸟何萃兮蘋中，罾何为兮木上？沅有芷兮醴有兰，思公子兮未敢言。荒忽兮远望，观流水兮潺湲。麋何食兮庭中，蛟何为兮水裔？朝驰余马兮江皋，夕济兮西澨。闻佳人兮召予，将腾驾兮偕逝。筑室兮水中，葺之兮荷盖。荪壁兮紫坛，播芳椒兮成堂。桂栋兮兰橑，辛夷楣兮药房。罔薜荔兮为帷，擗蕙櫋兮既张。白玉兮为镇，疏石兰兮为芳。芷葺兮荷屋，缭之兮杜衡。合百草兮实庭，建芳馨兮庑门。九嶷缤兮并迎，灵之来兮如云。捐余袂兮江中，遗余褋兮醴浦。搴汀洲兮杜若，将以遗兮远者。时不可兮骤得，聊逍遥兮容与。”大将军对于家中妻儿的思念，只有在高声吟诵屈原的《九歌·湘夫人》时，才能得到稍稍的释怀。

庄蹻王滇

虽然前往滇池流域的道路危险而艰难，但是红土高原上的众多民族善良而淳朴，为远道而来的客人，提供了家的温暖；虽然回归家乡的愿望十分强烈，但是庄蹻及其军中儿郎依然执着于兴滇的信念，全身心地投入到边疆的建设之中。在建设美丽家园的共同努力中，庄蹻军卒与高原滇人渐渐融为一体……

蜀道难，难于上青天

庄蹻的大军以东地兵为众，离开东地多年一直未归，众人对家乡的思念一天甚过一天。此时得知东归之路已断，军队成建制回乡已成奢望，大家心中非常失落。但是，抛弃亲若家人的大将军和众弟兄，独自偷偷跑回家乡，亦非众人所愿。于是，哀怨的越歌再次在营地上空响起。东地兵胸中无边的愁怨和无绪的徘徊，令身为主帅的庄蹻心如刀割。无奈之中，他让人带书悄悄潜回东地，安排驻守东地的兄弟，尽快想办法，亲自带领愿意投奔西南的将士家眷和能工巧匠，化整为零，分批寻找小路，西迁入滇。

根据《大宝积经》记载，公元前5世纪，释迦牟尼佛在世时，中国已经建立了与印度交通往来的通道。战国时期，由于蜀身毒道的存在，古道两头的印度和蜀国都深受其益，极为富庶。蜀国以其发达的丝绸纺织业和冶炼业，吸引了大量来自周边地区以及远至南亚和西欧的商贾，形成了经济发达、市场繁荣、人口稠密的兴旺局面。公元前316年，秦国因长年征战，军用不足，秦王嬴稷垂涎于蜀国丰富的布帛金银，借口蜀国伐巴违背道义，以为巴国伸张正义的名义，令大将司马错率秦国大军经石牛道（自今陕西勉县向西南），越七盘岭进入蜀国，经朝天驿，过剑门关，直逼蜀国成都。闻知秦军西侵，蜀王仓促间举全国之兵，倾全蜀之力，组成庞大的军队，御驾亲征，浩浩荡荡地奔赴葭萌（今四川剑阁东北）前线。但是，由于蜀国富庶，民俗奢靡，导致蜀国军卒长期沉溺于声色犬马，疏于操练演习，更兼主将贪生怕死，数十万人马与秦国精锐一触即溃，四散逃窜。先时还前呼后拥的蜀王，转眼间便成了孤家寡人，只好带着几个随身的侍从，慌张逃遁。然而，此时的蜀国在强秦的攻击下，已没有了可以藏匿的地方，蜀王虽竭尽全力，最终还是被秦兵追上，杀死于荒郊野地。可怜兴盛繁荣的蜀国，一朝亡于垂涎于它的财富的邻国。其后，秦王嬴稷改蜀国为蜀郡，任命张若为郡守，大量征调西南地区的物资，支持秦国问鼎中原之大计。基于秦国重农抑商之国策，张若为了尽快筹集到更多的战备物资支援秦军，在经蜀入滇通道的各个险要之处，修建了许多关隘和哨卡，对来往的商旅课以重税。

“噫吁嚱，危乎高哉！蜀道之难，难于上青天！蚕丛及鱼凫，开国何茫然！尔来四万八千岁，不与秦塞通人烟。西当太白有鸟道，可以横绝峨眉巅。地崩山摧壮士死，然后天梯石栈相钩连。上有六龙回日之高标，下有冲波逆折之回川。黄鹤之飞尚不得过，猿猱欲度愁攀援。青泥何盘盘，百步九折萦岩峦。扪参历井仰胁息，以手抚膺坐长叹。问君西游何时还？畏途巉岩不可攀。但见悲鸟号古木，雄飞雌从绕林间。又闻子规啼夜月，愁空山。蜀道之难，难于上青天，使人听此凋朱颜！连峰去天不盈尺，枯松倒挂倚绝壁。飞湍瀑流争喧豗，砯崖转石万壑雷。其险也如此，嗟尔远道之人胡为乎来哉。剑阁峥嵘而崔嵬，一夫当关，万夫莫开。所守或匪亲，化为狼与豺。朝避猛虎，夕避长蛇，磨牙吮血，杀人如麻。锦城虽云乐，不如早还家。蜀道之难，难于上青天，侧身西望长咨嗟。”后世大诗人李白的一首《蜀道难》，清楚地描述出行走于崇山峻岭中商贾的危险和艰辛。

秦国实施重税以后，许多商贾冒险蜀道却血本无归，所以随着秦国占领的深入，蜀身毒道上的商旅越来越少，通往滇池地区的灵关道和朱提道渐渐湮没在荒草之中。古道的荒没，让把守抽税的秦军失去了长期驻守的兴趣。公元前271年间，蜀滇古道上的部分路段，陷入了无人管理的状态。一些大胆的商贾见有了商机，便开始悄悄绕开秦军关隘，踏上古道，走私货物。东地人马经商贾指点，分成小股队伍，从秦国管理较为松弛，道路更为艰险的私商小道——僰道，经石门关（今云南盐津豆沙关），进入滇东北，到达朱提（今云南昭通）。与此同时，巴蜀两国故地的大山之中，原居住着大量的濮人，落后的生产技术和山区严峻的生产生存条件，使濮人的生活状况较之周边的其他部族差，大多靠种植茶树、果木等山地经济作物以及帮人做佣工、从事手工劳作等技艺，维持艰难的家庭生计。春秋时期，楚国出兵占据了濮人聚居的主要地区，将濮人收归到楚国的治下。巴蜀地区为秦国占领以后，重农抑商的政策将大量人口固定于耕地之上，尤其是片面强调稻作经济的生产模式，让只拥有少量山地的濮人失去了可以依靠的生活来源，加之难以承受沉重的秦国赋税，纷纷离开家园，向更为遥远平静的西南地区迁徙，以期获得可以安居的沃野。一时间，来自东地水乡和巴蜀山区的各族移民，给红土高原带来了前所未有的喧闹。

大量外来人口的迁入，既给高原带来了高产的物种、先进的生产技术和便利的劳动工具，也给高原带来了巨大的供养负担、繁杂的民族问题。为了避免引起滇池之滨原住民的不满，也为了防御秦军进入滇地，庄蹻决定在滇东北建立味邑，与古道上原已存在的朱提形成掎角之势，令楚国兵卒和新入移民在味邑起造陂池，开渠灌溉，从事畜牧农耕，供给大军；再令兄弟率兵在朱提建立军事要塞，派遣工匠利用朱提当地的铜银矿藏，加速矿冶发展，以迅速提升滇池流域的经济发展水平；自己则带上一拨匠人技工，准备在滇池地区兴修水利，涸泽造田。

滇池治理

滇池形成于约340万年前，是云贵高原上最大的天然淡水湖泊。在庄蹻到达滇池地区的时代，滇池的水很深，最深处达100多米，水域面积约为1260平方公里，流域面积为2920平方公里，北起于如今的松华坝，南迄现在的宝峰镇，是一个在涨潮时才从天然袭夺口出流的间歇性出流湖。滇池以三年为一周期，进行着涝旱的更替，使周边地区的民众受制于湖水的变幻莫测而无法进行有效的畜牧和耕作。除了三年一次的大轮回，滇池的季节性变化也相当明显，在每年五至十月的雨季，由于降水量过大，没有固定出水口的滇池自然满溢，形成大片的沼泽，使周边的牧场和农田悉数被淹。因此，滇池周边的滇人只能随水而垦，逐水而居。滇池坝子虽大，但人口的承载能力极低。

为了解决滇池流域干季旱荒、雨季水涝的问题，庄蹻带领手下匠人，环湖寻找出水口，制定滇池水位调节方案，意图通过解决滇池的潮水排泄，从而达到排涝造田的目的。然而，由于滇池流域地势复杂，整个滇池犹如一个石盆，四周多是坚硬的山岩和高大的山峦，各个天然出水道中布满了许多巨大的石滩，开展水利工程的难度极高，以当时的生产力水平根本无法实现全面的治理。为了尽快达到降低湖面、涸泽为田的目的，庄蹻等人选择滇池南岸的天然出水口加以疏浚改造，清挖水道中的岩石和泥沙，使湖水能有规律地从刺桐关南坡，漫溢流入红河，一定程度上减轻了滇池水患的危害。

新来的移民不仅带来了铲、锄、耒、耜、耧、镰等先进农具，还带来了谷、麻、黍、稷、麦、菽等作物良种，一边帮助滇人驯化耕牛、推广耕作，一边制作工具、传授渔耕，很快滇池地区就从严重的水患之地变成适宜农耕的稻作之乡，滇人贫苦的生活终于有了改观。从此，红土高原上阵阵稻花飘香，碧波绿水间日日渔歌悠扬。

楚军要在滇池地区长期驻扎，除了获得必要的物质供给以外，广大将士的精神寄托也极为重要。在安排人手规划建设城邑、推广农耕的同时，庄蹻为避免将士因为无法回家而导致军心涣散、地方不稳，专门派出信使与大君长联络，恳请与滇人结为逿耶（姻亲关系），相互扶持，共为进退。

庄蹻带领楚军入滇以来，致力矿冶，兴修水利，涸泽垦田，让众多滇人看到了美好的生活前景。为了表达对庄蹻的感激之情，滇人同意邀请楚军将卒参与滇人的上巳节活动。根据中华民族的古老传说，上巳节这一天是伏羲、女娲交合造人的日子，是男女约会、促成婚姻的最好时机。早在西周时，周天子就将每年三月的第一个巳日，定为上巳节。《周礼·地官·媒氏》中明确规定："仲春之月，令会男女，于是时也，奔者不禁。"未婚嫁青年男女是上巳节的主角，他们可以不受约束地相会于野外水边，或歌或舞，谈情说爱，约会情人。滇人的族源为氐羌，氐羌是夏族的后裔，所以滇人一直都奉周朝的正朔，严格遵循周礼，举办符合礼仪的节日庆典。

每年三月初，滇池沿岸草长莺飞、柳绿花红。在滇池西岸的高山脚下，滇人都要举办一年一度的上巳节庆典，祓禊除邪，祈福迎祥。杏雨幽幽，桑云淡淡，万物萌动，春情勃发，春泥春草和桃花杏花混合在一起的新香蜜味，氤氲在高原平静的湖面之上。青年男女或聚在水边，或是相互追逐，或是撩水嬉戏，或是登高对歌，或是相约谈情，与秀丽的春色一起，共同融成了一幅情意绵绵的人间佳景。

这年的三月，楚军将卒应邀参与了滇人的上巳节。夜幕降临，滇池岸边燃起了堆堆篝火，小伙子唱起了情歌，小姑娘红着脸不时地回唱几句，银饰闪闪烁烁的亮光和贝壳饰物叮叮当当的响声将整个夜晚装饰得华美而神秘。在青年男女饮酒对歌、打跳狂欢之间，大胆、奔放而自然的爱情在滇池的湖面上远远地荡漾开去。上巳节以后，许多楚军儿郎在滇、濮等各族的姑娘中找到了自己的意中人，组成了家庭。许多军户的出现，使楚国大军渐渐融入滇池流域繁忙而祥和的生活之中。

接过大君长权杖

然而，生活日益富足的滇人，并非进入了无忧无虑的太平盛世。在洱海之滨生长的昆明人，因水草丰美，牲畜繁多，人口增长迅速，牧场也就日益不敷使用。为了拓展族人生存的空间，昆明各部落结成拓土同盟，在大头领的率领下先向西边挺进，攻取了蜀身毒道上的商贸重镇嶲唐（今云南大理漕涧），掠夺了大量的物资和人口。再向东移，一路披靡，直逼滇池西岸。东进路上，辫发尚武的昆明人骁勇彪悍、凶狠异常，凡遇滇人部落，定夺其牛羊、毁其辕帐、掠其妇孺。若是滇人稍有反抗，昆明勇士便鞭挞屠戮、烧毁草场、枭首酋领、奴役青壮，这激起了滇人的极大愤慨。

面对昆明人越演越烈的挑衅滋事，大君长召集族中青壮，开往迤西地区，迎击来犯的昆明人大军。滇人大军浩浩荡荡离开滇池，向西开出二百余里地时，忽遇连续暴雨，山洪泥流，断了道路。在雨中滞留多日的滇人之军，人困马乏，军心涣散。滇人大军硬着头皮，冒雨继续西行，不小心落入昆明人设好的埋伏。远道而来的滇人还没弄明白情况，就听鼓声大作，石块箭镞从天而降，虽竭力反抗，但很快伤亡过半，大君长本人也被敌箭射伤。见势不妙，滇人只能抛弃辎重，沿着山间小路，披荆斩棘，蜿蜒回撤。后有追兵不断，前面山路泥泞，等向东撤至一个开阔的平坝之时，滇人之军已几乎没有了战斗的能力。这日，滇人刚刚扎好营帐，还来不及歇气休息，但听战鼓声急，昆明人又尾随而至。眼见即将全军覆没，滇人纷纷拿起手边的武器，准备拼死一搏。正在此时，忽听昆明人大呼小叫，四下溃散，原来是庄蹻带领着楚国大军前来解围。楚军武器精良、训练有素、战术灵活，很快就将昆明人打得落荒而逃。

激战结束，伏尸遍地，血流成河，自恃强大的昆明人军队，这次遇到了真正强硬的对手，只有大头领带着数十骑，杀出重围逃回叶榆，其余人等或降或亡，均失去了回家的机会。这一战，令彪悍的昆明勇士倍感胆寒，让楚军的威名从此留在了昆明人的记忆之中，久久不能消散。许多昆明勇士的性命留在了这个不知名的平坝，再也不能跟随着族人的牛羊，追逐丰美的水草，仰望湛净的蓝天，自由迁徙……若干年后，当昆明人重新回到这一处平坝建立城邑之时，他们将城邑取名为威楚（今云南楚雄），既表达了昆明人对楚军军威的崇敬，也展示了高原人接受失败的博大胸襟。

因大君长伤势太重，滇楚两军不敢恋战，迅速收聚人马，匆忙回返滇池岸边。大君长家中因瘟疫和征战，此时身边只剩下妻子和小妹两个至亲，但因为自己正值壮年，所以大君长此前从未认真考虑过身后之事。君长小妹聪慧敏捷，热情大方，武艺高强，精于骑射，虽是女儿之身，却是哥哥征战的骁勇偏将和治理地方的左膀右臂。前一年的上巳节聚会上，君长小妹就为庄蹻的英武豪气所折服，早已倾心于这位来自远方的英雄。这一次，庄蹻带领楚军，救下了危难中的滇人，更让君长小妹下定决心要将自己的终身托付于他。伤势沉重的大君长自知时日不多，为了让自己的小妹有个稳妥的依靠，更为了让众多的滇人获得安稳的生活，他决定将自己的妹妹嫁给庄蹻，并请庄蹻接过大君长的权杖，从此担负起带领滇人生存和发展的重任。

面对大君长诚挚的托付，庄蹻十分为难。他暗自思忖："若做滇人君长，得变滇人之服；若服滇人之众，得从滇人之俗；若领滇人之军，得娶滇君之妹。如若不然，楚国大军欲想在滇长驻，恐非易事。如若接受，作为楚王苗裔，易服从俗，将置祖宗姓氏于何处？家有贤妻娇儿，迎娶滇人女子，至亲之人又将做何感想？”左右权衡，应与不应都觉不妥，没了主意的庄蹻只好以沉默应对大君长的问询。

然而，此时此刻滇池流域的局势已容不得庄蹻再做推辞。在多部族聚集的高原地区，如果没有一位强有力的领导者率领大家团结共进，战胜恶劣的自然条件，维护和平的生存空间，那么部落与部落间的争斗博弈，必将使区域陷入混乱，民众的生活陷入水火。垂危的大君长清楚地认识到，庄蹻是维持部落团结稳定的唯一人选，他便不再征求庄蹻意见，与族中大巫师和族老们商议妥当后，让人用担架抬着，带领民众来到庄蹻的帐外。他将妹妹的手和大君长的权杖一并交到庄蹻手中，恳请他为了滇人的生存，为了各族的明天，为了高原的祥和，一定替自己担起这重若泰山的责任。在民众期盼的等待中，庄蹻终于点头同意了大君长的请求，躬身接受了滇人大巫师的祝福，勇敢地承担起大君长职责。

身兼楚国大将军和大君长之职，庄蹻感到自己肩头的担子十分沉重，要操心的事务更加繁多。为了便于地方治理，他首先对军队进行了改制，整编了滇、濮等族的土兵，建立起平等的多部族联合军队。其次，根据经济发展需求，他制定了鼓励农牧、促进贸易的政令和措施。最后，他不仅邀请各族德高望重的长者作为自己统治地方的智囊，还在各族中选拔了许多年轻才俊，帮助自己推行政令、传播技术。由于庄蹻新颁布的条条政令皆顾及民生，种种措施都平视各族，一时间，庄蹻的德政为众人所信服，庄蹻的威名为众人所传诵。在各族长老们的共同倡议下，众人遵从周制，拥立庄蹻为王，奉中原之正朔，定国号为滇，建都于滇池邑。

凝聚与发展

温和的气候条件，优美的自然环境，养育了众多的高原民族。他们来自四面八方，属于不同的种群和宗姓，拥有自己独特的语言文化、生活方式、风俗习惯和宗教信仰。战国末年的移民大潮，给美丽的滇池流域带来了丰富的文化、先进的技术和全新的观念，也带来了麻烦、矛盾和冲突。这一时期，包容四方、凝聚众族、维护稳定、促进共识，成为兴滇强滇的关键一环。

高原的自然崇拜

战国末年，兵荒马乱，七雄争霸，民不聊生。听说西南之地，有国名滇，富饶美丽，百族和睦。于是，虽然秦人占据了中原入滇的所有重要路口，但来自各地的避乱之人，还是抄小路，悄悄涌入西南。由于楚国国力日渐式微，对于东地的直接管辖能力有限，导致东地领土渐渐为齐国鲸吞。不甘于齐国统治的百越族人，在庄蹻诸子的带领下，带着神器铜鼓，历尽千难万险，跋山涉水，向西、向南步步迁徙。公元前266年间，当大批的越人移民进入滇池流域以后，庄蹻才从儿子的口中获知老母早已病亡于东地，结发妻子也在迁徙途中死于乱兵刀下，好端端的一家人，从此没有了团圆的可能。这让长期以来一心投在滇国诸业上的庄蹻好生内疚，至亲至爱的相继离世，让他失去了偿还亲情债的机会，让他失去了孝顺老母、关爱发妻的可能，一连数日，他都遥望东方、悲痛不已。斯人已逝，其心悠悠。伤心之余，庄蹻变得更加沉默，每日里将更多的精力倾注于处理滇国的事务，将更多的时间花费于关心民间的疾苦。

在庄蹻等人开始治理滇池之初，由于滇池流域的地质结构复杂和人力不足等原因的困扰，导致滇池治理工程根本无法全面展开。权衡再三，大家只能折中，选择滇池南岸的天然袭夺口加以疏浚改造，使每年雨季之时过高的湖水水面能迅速从刺桐关南坡，经过水流出口袭夺的三级台阶地，有规律地漫溢流入红河。虽然，这一改造方案耗工耗时不多，较快实现了降低湖面、减小洪涝灾害程度的目的，但是，若遇长时间的大雨，滇池湖面缓慢上升，将导致一些土质疏松、石隙众多的山口和洼地出现湖水漫溢，由于这些出水口从未经过人工的疏浚改造，其间乱石坚礁、丘壑沟垄密布，湖水溢入之后，便如脱缰之野马，肆意横流，或浸没良田，或摧毁牧场，或毁坏山林，使众人一年的辛苦付出消失于瞬间。

先秦时期，滇池流域生活着滇、劳浸、靡莫等数十个部落，在大君长带领下，互为依靠，共同进退，在滇池流域过着日出而作、日落而息、悠闲简单的生活。滇池流域各部族的主要生计是游牧，族中的男子在战时为兵，非战之时是牧民和猎手。由于兽医药不发达，异族骚扰抢掠等原因，族中的食物供给不时要以妇女的采摘和稻作为辅，故而在滇人部落之中，妇女具有较高的社会地位，在没有合适男性成员的情况下，女性还能获得掌握家庭或部族最高权力的机会。

是时，红土高原各部族的生产力水平都极为低下，一次小的自然灾害或一次较大程度的部落冲突都将导致他们的人畜数量受到很大影响，甚至导致族人的生活陷于绝境。在强大的自然力面前，红土高原上的众多部族形成了畏惧山川、河流、雷雨、森林、野兽、鬼怪和祖先之灵的自然崇拜。在远古高原民众的大脑中，这些若隐若现的神灵直接或间接地控制着人间的吉凶祸福，无时无刻不在影响着人们的日常生活。为了取悦这些超自然的神灵，让他们给予自己平安和繁荣，高原各部族不论战争狩猎、播种收获，还是婚丧嫁娶、生儿育女，都要举行烦琐的祭祀活动，以求神明的保佑和宽恕。部落的祭祀活动中，一般情况下都是首先由巫师率领族人进行舞乐献祭，其次由族人向神明贡献鸡、鸭、鱼、肉、果、谷等祭品。若遇重大的祭祖和敬神活动，还要通过剽牛和杀死敌酋等极为残忍的方式，用牺牲的鲜血和头颅来换取神灵的恩泽。这种原始的宗教信仰，导致同为氐羌族系的滇人和昆明人之间相互掠夺妇孺，杀死青壮，猎取对方首领的头颅祭祀祖宗神灵，以换取族众内心的安全感。长期野蛮暴虐的战争和抢掠，导致双方的损失都极为惨重，人口增长和经济发展陷于停滞。

大局为重，稳定至上

庄蹻一行进入滇池流域以后，不仅围垦耕种，改变了滇人以牧为主的生活方式，还获得民心，被众人拥立为滇王，这让劳浸和靡莫两个部落的首领感到非常不服气。前一年的年末，劳浸和靡莫两个部落的牛马遭遇瘟疫，一半的牲畜痛苦地死在寒冷的冬天。本以为开春以后苦难的日子就会结束，哪知料峭的倒春寒使许多族中老弱染上流感，村寨中的病人在阵阵地咳嗽和呻吟。面对这极其困难的处境，劳浸和靡莫部落的首领，并没有想到要向滇王求助，而是让部中的巫师大肆举行祭祀活动，打卦问卜，祭奉供品，以求得到祖宗神明的庇护。

这年入夏以后，连续多日阴雨绵绵，缓缓上升的滇池水渐渐从一些天然袭夺口浸出，顺着山势，奔腾咆哮地冲向一马平川的连然坝子。这日，劳浸和靡莫部众正集中在祭坛边上，祈求上苍的保佑。只听“轰隆隆”一阵巨响，滔天的洪水排山倒海般地冲了过来，等数丈之高的洪峰过后，除了祭坛等地势较高的山麓之外，位于低洼之处的屋舍和放养在坝区的牛羊早已被大水冲得无影无踪。看到自己的美丽家园顷刻之间面目全非，众人只道是自己献祭不足，才导致老天发怒，派遣洪水之神前来警告。面对惊慌失措的部众，两位首领也一时没了主意。正在犹豫之际，一道闪电劈过祭坛，高高耸立的祭天铜柱在雷电的作用下，发出“嗡嗡”的轰鸣。众人认为是老天震怒，必须尽快擒拿异族酋领祭天，才能挽救族人的性命。于是，在首领的带领下，众人经过一番鏖战，从昆明人部落擒回老弱妇孺百十名，准备一并绑了祭天，以求天神的欢心。

但见女人和孩子们哭声震天，朗朗的乾坤转眼间就要变成罗刹地狱。庄蹻得知消息后，立即带了几个亲随急奔连然，希望能及时制止这一惨绝人寰的悲剧发生。劳浸和靡莫两部落首领本来就对庄蹻以异族身份获取滇王的地位十分不满，这次在两部落最为危难之际，他又前来阻止两部落以敌众祭天祈福，这完全是置劳浸和靡莫民众于死地的狂妄之举，因此两部落首领十分愤恨，一时气血上冲，决定带领部众，反了滇王，借机夺取王权。

庄蹻带领亲兵正快马加鞭、心急如焚地赶往连然，忽闻哨马来报，说是劳浸和靡莫两部造反，准备擒了滇王等人前去祭天。见情势极其凶险，庄蹻没有犹豫，立即指挥众人冲上附近的凤山山麓，在险要之处设置机关，布置防务，准备迎敌。身边只有几名亲兵随从，既无大队人马，更无粮草辎重，所携的箭镞兵器也非常之少，情况十分危急。庄蹻围着山头，做了一番仔细的勘查，只见此山，虽然不高，但石壁陡峭，易守难攻，众人拼力，依靠滚木礌石，应该能坚持几个时辰。但是，纵然地势险要，若无援手，在数千人的攻击下，众人此役恐怕仍凶多吉少，必须做好万一的打算。仔细思考后，庄蹻反而冷静了许多，急忙撕下一块衣襟，咬破手指写下了传位诏书，声称如若自己遭遇不测，众人应根据会盟的要义，另选能担负起滇国责任的酋领为王，重新团结四方，凝聚各部，谋求滇国的万代福祉，切不可陷入彼此仇杀的混乱局面。写毕，他从马鞍上扯下一块油布，仔仔细细地包好，慎重地交到一名亲兵手中，令其揣在怀里，从后山悬崖坠下，无论如何都要送到国相手中。

其实，滇王的仁义和德政，早已惠及劳浸和靡莫两部落，在两部落首领率众围攻滇王的同时，早有人悄悄将消息传回了滇池邑。勤王大军很快赶来，凭借着正义的勇气和同族的温情，很快击溃了叛军的包围，让滇王等人得以顺利脱险。见大势已去，劳浸和靡莫两部落首领只好带着数百亲随落荒而逃。庄蹻心知劳浸和靡莫部众对于首领的感情，若逼急了必然产生更大的祸事。为了民心的稳定和滇国的团结，他宽容了两部落的反叛之罪，也没有安排人马继续追击逃跑的两部落首领。劳浸和靡莫部众眼见自己的酋领仓皇逃走，非常担心部落的谋乱将招致滇王震怒，已然不多的牛羊将被罚没，参与攻山的部民将被充军为奴。就在众人惶恐不安之际，却接到滇王诏令，命令两部众，重新推举首领，在新首领带领下，尽快展开救灾和灾后重建工作。其后，鉴于劳浸和靡莫两部落一直坚持以游牧为主的生活方式，不愿从事渔耕，而在人口逐渐增多的滇池地区，继续发展畜牧业的空间十分有限。于是，滇王命令劳浸和靡莫两部落首领率部东迁，在宽阔的滇东北平坝地区开辟新的牧场。随后数年，在广阔的滇东北草场，劳浸和靡莫两部落人口数量和牲畜数目快速增长，部众的生活水平得到明显的改善。

包容的力量

深厚的历史渊源，使滇东北的朱提与蜀一直存在着千丝万缕的联系。《华阳国志·蜀志》记载："后有王曰杜宇，教民务农，一号杜主。时朱提有梁氏女利游江源，宇悦之，纳以为妃。移治郫邑，或治瞿上。七国称王，杜宇称帝，号曰望帝，更名蒲卑。自以功德高诸王，乃以褒斜为前门，熊耳、灵关为后户，玉垒、峨眉为城郭，江、潜、绵、洛为池泽，以汶山为畜牧，南中为园苑。”《史记·三代世表》则在索引《蜀王本纪》时总结：“朱提有男子杜宇，从天而下，自称望帝，亦蜀王也。”早在春秋时期，滇东北地区的部落首领杜宇建立了朱提城，以朱提为据不断发展壮大。随着部族人丁的兴旺，杜宇带领部众不断东进，打通了灵关道和朱提道，进入巴蜀平原，战胜鱼凫部落，夺取蜀地统治权，建立了蜀国。蜀国为秦国攻灭以后，大量蜀国贵族，在公子开明泮的带领下，沿着祖先开辟的滇蜀故道，步步南迁，在邛都（今四川西昌市东南）建立了新的蜀人聚居地。然而，秦军在蜀郡郡守张若的指挥下，一次次强攻邛都，让实力薄弱的蜀人随时面临着灭族之灾。万不得已，开明泮主动放弃邛都，率部众继续南下，以寻求安身立命之所。这批逃避战火的蜀人，经青蛉（今云南永仁、宾川）、弄栋（今云南大姚、姚安）再向东折回，终于到达了传说中仁慈滇王管辖的滇池流域。

开明泮年少之时曾遇到一位神人，名叫皋，两人性情相投，常常相约登高，饮酒唱和，好不畅意。数月后，神人皋要远行他乡，临行前他将一张灵弩赠送给开明泮，并教授了他使用和制作的技巧。此灵弩设计精巧、威力巨大，能射杀百步之外的敌众，是蜀人抗拒秦兵最有效的武器，深为开明泮所珍爱。为了向滇王表达蜀人的顺服，开明泮主动将灵弩作为贡品呈献滇王，恳请滇王给予蜀人必要的庇护。由于越人、濮人等族移民大量迁入，滇池沿岸已是人口众多，耕地和牧场严重不足。为了让新来的移民有个落脚之地，庄蹻决定在俞元建设陪都，以大池为中心，加速滇南地区的开发和治理，让新近移入的各族儿女，都能获得充足的生存空间。遵从滇王的安排，开明泮带领数万蜀众，浩浩荡荡迁往大池，与滇、越、濮等民族，一起参与到俞元城邑的建设之中。

这年，一支波斯的商队从摩羯陀国带来了10头印度神牛送给滇王。印度神牛体型高大，额部粗壮，且额前有明显凹陷，极易辨识。此牛不仅牛角较长，从额脊两端伸出，先平直，后略向上翘，极显威风，而且颈下垂肌发达，项峰较高，大耳长尾，四肢粗大，神力无比。在滇人的文化中，牛被视为神物，它不仅是家庭财富的象征，还是滇人祭祀天神不可或缺的祭品。在滇人的重大活动中，不仅要剽牛祭天，还要斗牛祈福。庄蹻见此牛神武，决定将其转赠予敬牛为神的滇人。随后，庄蹻便以建设俞元城有功之名，将神牛奖励给大池地区的滇人部落，让他们尽心培育，使之将来成为滇国有用的畜力。然而，开明泮并没有理解滇王将牛赠予滇人的深意，他只是觉得数万蜀人对滇国俞元城建设的贡献最大，而得到的赏赐远不如“好逸恶劳”的滇人，内心深处对于滇王和滇人产生了几分的不忿。开明泮自己虽未明言，但他对于滇王和滇人的不满情绪，已影响到身边的侍从，他们也深深感受到寄人篱下的委屈。

这年冬至，丰收后的大池地区滇人决定举行斗牛大会，祭祀天地，共享果实，欢娱部众，宴请嘉宾。为了满足众人一睹神牛威武的愿望，滇人族长专门安排族中巫师在冬至这天将神牛赶到庆典会场进行角斗，以此祈祷来年风调雨顺，五谷丰登，家畜兴旺。为了与其他部族分享喜悦，滇人邀请了大池地区的其他部族老少，一同聚到俞元城外，共同参与盛大的丰收庆典。

冬至前夜，好客的滇人每家每户带着做好的食物，背着酿好的果酒，扛着自家的案几草席，在场地上拼成长长的宴席，招待所有参加盛会的来宾。滇人性格极为淳朴，礼仪程序也较为随意，因此滇人在宴席之上并未设置等级位次，家家户户将案几一拼，随到随吃，随吃随走，随时添菜，随时盛酒，主人不做强求，客人不用拘礼。开明泮等人虽居大池多时，但总以富国遗民自居，不屑与滇人多有来往，所以对于滇人的风俗习惯知之不多。接到滇人的冬至庆典邀请，开明泮心里虽有些别扭，但考虑到滇王和各部族头领皆已同意前去赴宴，自己缺席有些刺眼，只好勉强答应信使，自己将带领亲随十数人，届时一同前去观礼。那日，本不是十分情愿的开明泮起身较晚，日上三竿了才带着几名亲随，慢慢地挪到会场。只见人山人海、人头攒动，各部族男女挤作一团，或对歌打千，或行令赌酒，场地已没有了多少空闲的地方。

滇人族长见开明泮等人到来，急急忙忙迎了上来，亲自将他们引至几张还没有宾客的案几前坐下。由于一行人来得太晚，所以他们的案席离场地中央略显偏远。开明泮抬眼看去，只见滇王以及其他各部族的头领都坐在前台，唯独自己被安排得老远，一股子无名怒火涌上心头。这边他还没有发作，那边滇人的巫师已驱赶着神牛，边歌边舞地来到场地的中央，两头已被挑逗起脾气的神牛低头红眼相望，一场激烈的搏击即将在祭祀之后拉开序幕。兴奋的部众眼见神牛上场，顿时尖叫着从四面八方围上去，争先恐后地想一睹神牛角斗的风采。由于众人过于激动，挤挤攘攘地只想尽量靠前一些，便没留心挤到了宴桌的前面，完全挡住了开明泮等人的视线，令他们根本无法看到场地中央的一丝一毫。黑压压的人墙照壁般地竖在前方，开明泮忍无可忍，摔了酒杯，起身离场，跨上骏马，飞驰而去。身后的侍从忠心耿耿，如何能忍受自家尊贵的公子受到如此的怠慢和侮辱，一时激愤难当，怒火冲天，策马奔上一个高土丘，取下背上的灵弩，抬手就射。只听“嗖嗖”几声，一排箭镞，刺破长空，呼啸而去，片刻间，巫师、神牛和数名滇人倒在了血泊之中。

滇人信奉鬼神，在祭祀斗牛的时候伤害巫师和神牛，那是对神明的最大不敬。在滇人的意识中，这样的情况将导致合族老少遭受上天的谴责和惩罚，不仅明年的收成要受到影响，甚至有可能祸及子孙后代。在一阵惊呼声之后，所有在场的滇人都呆若木鸡、惊恐万分。刹那间，四周犹如坠入隆冬，寒气逼人，肃杀凄凉。开明泮见此情形，心知大事不妙，也不敢再回府收拾金银细软、珍贵物什，立即带领侍从冲到蜀人驻地，命令族人立即聚集，一起南下逃命。心慌意乱的万名蜀人，一路狂奔，出俞元，入律高，经贲古，抵达进桑关（今云南河口），才停下脚步，放心喘息。庄蹻闻听开明泮等人之作为极为震怒，令大军一路南下追讨元凶。翌年初，在滇王兵威的震慑下，开明泮被迫献出闯祸侍从的头颅。滇王念及其余蜀人并未作恶，便安排大巫师前往俞元，安抚滇人部落，劝说部众不再追讨蜀人冒犯神灵之罪。

这一时期，庄蹻治理下的滇国，各部族杂乱混居，他们以血亲部落为中心，听命于各自的酋领，遵循着各自的习俗。尊于滇王的仁德，碍于律令的严格，惧于宗法的威慑，各部族间虽然时有口舌龃龉，但都尽力谦让、互不侵扰。然而，随着时间的推移、人口的增加和沟通的困难，各部族间的摩擦越来越多，有时甚至因为一些旁枝末节的小问题而导致了部族间的械斗和火拼。开明泮因侍从滋事而带着蜀人南迁以后，庄蹻意识到了部族问题的严重性，他认为必须立即针对族际间冲突，着手进行妥善的处理，否则来之不易的滇国繁荣必将在部族矛盾中毁于一旦。

由于居住于滇国的滇、越、濮、筰、邛等部族的风俗、习惯、语言、信仰差别太大，不可能以律法硬生生地将他们融合在一起，与众臣商议后，滇王正式颁布诏令，命令各个部族根据自己的生计来源、生活方式和活动区域选择聚居地，让狩猎为生者居于山巅，让畜牧为生者居于山腰，让稻作为生者居于水岸，让工肆为生者居于城邑，各自安身，互不侵扰。同时，他颁布了严格的律令，要求所有滇国子民必须相互尊重部族的信仰和风俗，不可侵扰其他部族的神灵和祭坛，更不可私下寻衅械斗，否则严惩不贷。这一系列措施，在各部族间自然而然形成了必要的生存间隙，减少了矛盾和冲突发生的可能，使滇国境内逐渐形成了各部族大杂居、小聚居，和平共处、团结合作、互为补充、共同发展的经济结构和社会模式。

山更青　水更美

市场物资充足、人民生活富足，是任何时代治理者都必须孜孜不倦、刻意追求的目标；促进百业建设、推动经济发展，是任何时代治理者都必须恪尽职守、努力完成的使命；维护人类家园、保护生态环境，更是任何时代治理者都必须竭尽全力、勇于担当的责任。

促进百业，发展经济

公元前271年，秦蜀郡郡守张若攻取楚国的巴、巫和黔中三郡，切断了滇楚之间的道路联系，规模较大的商贸活动全部被秦军的关隘、哨卡所阻断，手工业、盐业滞后的滇池流域，陷入了艰难的发展困境。滇王庄蹻为政清明，崇尚简朴，在他的严格管束下，滇王室的花费用度并不高。但是，由于工具、布匹和食盐等物品事关普通大众的生计，庄蹻还是不得不花费心思，认真考虑如何获得必要的物资补充。针对滇国民众清贫简陋的生活状况和低下的生产力水平，庄蹻清醒地认识到，只知爱惜将卒、坚兵利器、辅助农牧，并不足以撑起滇国数十万黎民的苍天。作为滇王，除了要严肃吏治、规范律令、清明政治以外，还要促进百业、发展经济、丰富物产，这才能让广大滇国民众安居乐业，使各部族老幼饱食闲逸。为此，他意味深长地对臣属指出："滇国较之诸侯，杜绝奢靡，俭朴廉洁，堪称于民休养生息、于政精简务实之典范。但若以贫陋为治国之标准，则有沽名钓誉、矫枉过正之嫌。当下之计，必须尽快实现滇国的繁荣，促进滇民的富裕，才能不失为政者的良心。所以，滇国必须通过扶持工肆、兴旺百业，彻底改善滇国经济滞后、物资不足之状况！"

庄蹻率大军入滇之初，为了应对楚国争霸的战争物资需求，在滇东北的朱提地区大力发展矿冶业，建立了滇国的铜、银、汞等重要金属矿冶基地。这一时期，由于滇国境内矿藏丰富，在源源不断涌入西南的内地匠人的积极帮助下，滇国的工匠很快掌握了范模铸造法、单范铸法、空腔器物铸造法、夯筑范铸造法、套接铸造法和失蜡铸造法等多种方法，并能熟练地对青铜器进行鎏金、镀锡、金银错、镶嵌、线刻、彩绘等多层深加工，滇国的矿冶技术日臻成熟。先秦时期，各诸侯国由于矿料稀少，所铸之青铜多局限于礼器和兵器。滇国的矿料丰富，文化多元，在心灵手巧的滇国匠人手中，青铜被铸造为乐器、马饰和工具等实用器皿，甚至还铸成伞、壶、枕、尊、案和扣饰等生活用具。这些拥有浓郁高原特色的青铜器皿，共同铸就了风格独特的滇国青铜文明。鉴于矿冶业发展的成功经验，庄蹻决定进一步开发盐业、纺织业等与民众生活息息相关的产业，让所有滇国民众的生活水平有一个较大的改观。

然而，久旱之后，非一时甘霖可解江河之渴；隆冬时节，非一日东风便可开山川之冻。长期以来，隔绝于四邻，封闭于高山峡谷间的平坝经济，导致滇国尚处于一种低水平的自给自足生产模式中，整个流域之内，一缺能工巧匠，二缺工具机械，三缺生产条件，四缺制度环境，五无心理准备，推进百业的基础十分薄弱。为了让兴办百业、富裕滇民的思想深入民心，滇王颁布了一系列筑巢引风、扶持工肆、劝农兴业的政令，并命令各部族中能言善辩、擅长以理服人的“耆老”担任教化民众的职责，用本部族的常用俗语，将滇国政令和律法等一一编为歌谣，四处传唱。伴随着乡间城邑孩童一声脆过一声的传唱，招贤、劝农、兴业等一系列滇国的大政方针，渐渐传播到千家万户，深入到普通民众的心间。

战国时期，为了最大限度地发动国力为战争机器服务，在秦王（即秦孝公）的支持下，基于重农抑商的思想，卫国人商鞅提出了奖励耕战的变革纲略，开始在秦国全面实施变法。依据商鞅的耕战之策，秦国在短期内便将国家的生产能力全部集中于军事，将民间耗费降低到最小，使当时经济发展水平较低的秦国能够在与列国的征战之中以最小的付出获得最大的收益。战国末年，诸侯国间的激战进入了你死我活的白热化阶段，多抽一点民脂民膏用于战备，都将是压倒对手的最后一根稻草。在此情势之下，秦国制定了更加严酷的律法，加大对商户的管制：一是明确尊卑爵秩等级，规定不同等级人员的田宅衣饰、车马器具、家奴人数，使商品的流通受到严重打击；二是规定商人居“士农工商”之末位，纵然富甲四方，也不可穿绸、乘车、喝酒、居楼，商业被称为“末业”而被课以重税，导致商贾从业者血本无归；三是强化商户管理，商人后代被列入贱籍，永远不得从政为官；四是限制商人自由，加大商户徭役，致使许多商户无法开展正常的交易活动。在秦国强势税赋政策的搜刮下，许多小工商户不断破产，为了不被官府籍没为奴，一些邻近滇国的商户悄悄西迁，纷纷进入传说中神秘的滇国，寻找一块能够安身立命的乐土。

滇王建立百业、扶持工商的政令发出以后，虽然困难重重，但越来越多的工商人家不避艰险翻山越岭，陆陆续续地来到滇池岸边安家落户。这使得原先有些冷清的城郭，在众多商肆的烘托下，逐渐有了热闹的迹象。为了减轻商户们的负担，滇王制定了远远低于秦楚两国六、八取一的抽税规制，大大激发了工商户从业的积极性。同时，为了能让工商人家专心从业，滇王还特地免除了工商户的徭役，让他们有能力从事坊间的细致活计和远距离的长途贩运，大大提高了滇国物品的丰富程度。然而，由于秦国关隘封锁严密，能够进入滇国的工商业者多以破产的小家小户为主，其不仅所携带的财帛不多，而且掌握的技艺和具有的能力等也较为有限，要达成促进百业兴旺的目的，许多时候还得依靠滇国府库的有力支持。

为了尽快解决滇国民众衣皮淡食之苦，庄蹻将关系到国民经济根本的织业、盐业以及关系到滇国军备和国力的铜银业定为重点扶持行业，建立独立的织造署、盐业署和铜银署，专门设置工尹，分拨大量工匠和劳役，推进商品生产。在多方努力下，滇国简陋的纺织业开始萌芽，以苎麻和“梧桐木”（木棉树）纺成的兰干细布和桐华布，让滇民终于告别了衣皮披毡的寒苦岁月；滇池邑周边逐步开发的卤矿，让滇池地区终于摆脱了依靠蜀盐的被动局面，彻底解决了滇民长期大面积缺盐的困难；同时，滇国矿冶的秩序得到进一步的规范，兵刃的制式和锋利程度得到统一，礼器的器型和工艺水平有所提高，尤其是国库中的白银存量迅速上升，为滇国向周边地区购买急需物资提供了货币保障。

青山绿水

然而，就在这滇国百业刚刚起步、生产能力有所提高之际，滇国部落的许多族长相约来到王宫，向滇王投诉百业发展给各部族生活所造成的困境和麻烦："大王诏令兴办窑厂，选址于我部的牧区，开山取土，砍树烧窑，导致河水浑浊，山神震怒，我族中牛羊病死数头，族中孩儿半夜惊哭！""我族世居之山林盛产漆木、油桐。有数名蜀人奉大王谕令，到我族属地兴办漆坊，制作漆器。按照大王诏谕，我族主动将生长有漆木和油桐的山林让出，令蜀人可以割木取漆，伐桐煮油。可是，这些蜀人并不感念我族人的宽容与诚恳，得寸进尺，将漆坊建于山脚的平地，这与我族人的村寨十分邻近。漆器工艺极为复杂，生漆要制成丹漆，要兑以桐油等各类辅料。同时，漆分红、黑、黄、蓝、白五色，还要错杂金银，这朱色来自于朱砂，黑色则为烟炱……所以，制漆炼油毁坏林木已属小事。关键的问题在于，生漆和勾兑所用的矿物之中都含有毒物，匠人们若不小心处置，就会祸及周边的人畜。我族中有牛羊误喝了坊中流出的带色之水，立即口吐白沫倒扑而亡。还有族中的小孩不明事理，在匠坊后的河中游泳戏水，当夜便浑身红肿，高烧多时。为此，族中民众非常气愤，曾想烧了匠坊，赶走蜀人，但不敢违反大王谕令，只能隐忍不发。依老朽之愚见，这匠坊若是长期存在下去，估计后面还会产生更大的纠纷。”

眼见兴办工肆之事刚现曙光便遭遇如此巨大的阻力，庄蹻心急如焚，他立即带领众臣前往各处查访，以求获得解决办法。一路行来，但见烧窑之处，四周青山全成秃顶，浓烟滚滚，蔽天盖日，不论制陶、烧炭还是做砖，毁坏山林和污浊空气的情况都较为严重。行至漆坊和革厂，污染的问题就更加突出，老远就闻到阵阵怪味，走近以后，便看到四周的草木大多枯死，邻近的河水一片狼藉。原先以为实施多年的矿冶业几近成熟，应该没有大的冲突，结果听说大王前来探察工肆之弊端，许多农牧民纷纷拥到驻跸之处，申诉自己的损失。有人哭诉说，由于矿务开洞过多过密，导致牧场山体虚空，在前年的一场暴雨之后，大量泥流顺沟而下，掩埋了自家的牛羊，毁坏了牧场的草地，家人从梦中惊醒，四下奔逃，才得以活命，但原来安稳的生活已全被冲没；有人抱怨说，由于附近冶坊炼炉众多，日夜烧火，并将矿冶废渣倾倒于自己的农田四周，惊扰了稻神，导致连续两年谷子抽穗不多且灌浆不甚饱满，令家人的温饱生活不复存在；更有人尖锐地提出，由于这些年四处开矿，众人将山中的铜、银、锡、铅等宝贝大量取出，而官府的矿司人员拒绝供奉山神，导致山神发怒，连续几场大洪水已危及山脚聚邑的安全，若再继续做这种触怒鬼神之事，将招致更大的报应……见问题如此众多，庄蹻明白必须找到照顾各方利益的万全之策，兴办工肆的大计才能真正造福于民。于是，他一边命令库丞登记赔付农牧民们的财产损失，另一边继续深入民间进行探访。

此次巡察，所见所闻，令庄蹻内心感触颇多。虽说众人在滇已经营数年，但此时滇国的百业依旧羸弱，滇国的商业依旧滞后，较之内地，生产力水平根本不能同日而语。照此基础，庄蹻不敢奢望滇民的衣食器具也能如秦楚民众般精美适用，但若继续加快粗放式的百业建设，又势必进一步恶化自然环境，导致各部族间的矛盾和冲突。这日，一同出行的众臣见大王双眉紧蹙，长时间沉默不语，十分理解大王提高民众生活水平的迫切愿望，更明白滇国发展所面临的两难困境，于是不等大王发话，便七嘴八舌地出谋划策：“当下之计，滇之百业必须兴旺，但是青山绿水也怠慢不得，解决工肆与农牧之间的矛盾是当务之急。”“治理工肆之祸患在于三点：一是重防，要尽快颁布限污令，规定所有工坊不可建于水源之地，不可处于上风之处。污水渣土，有毒物质，要一一妥善处理，不可伤害人畜。砍树毁林，挖洞开山，必须要尽量恢复，不可隐藏灾患。凡遵守律令者，大王要给予丰厚的恩赏，并诏告四方以之为模仿的典范；凡违背律令者，大王要处以罚没财产、鞭笞充奴之罪责，令心怀侥幸之徒不敢再重蹈覆辙。这样，从建业之初，让百业业主对青山绿水心存敬畏，对周边百姓多些关怀，便可将兴业之混乱抑扼于萌芽。二是强管，要尽快建立督刑司，任命缄尹。督刑司的缄尹具有弹劾地方之特权，负责所有工坊的督办和监管，并建立相应的举报、突查和定检规制，严格执行国家法度，震慑蠢蠢欲动的不法之徒。三是革新，尽快颁布招贤令，以优渥条件，招募各国之能工巧匠西来入滇，让最佳之技艺和规程被运用到诸业之中，既可丰富产业种类，还可淘汰不良工艺，使滇国的百业境况得到尽快改变。”“除重防、强管和革新之外，人才问题最为紧要。由于滇国域内生活水平低下、物品不丰，且滇国国力太弱、发展迟缓，长期以来无法吸引织造大户、精工巧匠和文人学士西迁入滇。所以，尽快招募贤良合理制定兴业方略才是强滇富民的重中之重。”结合众人的意见和建议，庄蹻让人拟出了一系列相关的法规律令。随后，他令人将各部落的巫师请到王宫，诚心请教他们应该怎样做才能让这一系列政令得到各部族的拥护和执行，才能取得利国利民的最佳效果。

低下的生产力水平，严酷的自然生存环境，不时暴发的瘟疫流疾，导致青铜时代的滇国民众十分迷信鬼神。每个部族中的巫师通过神职，很大程度上具有与族长不相上下的社会地位。滇王心中明白，如果能获得巫师的积极配合，新政令的颁布实施将获得事半功倍的效果。巫师们深深感动于滇王的勤政爱民之心、维护地方之志，从宗教宗法的角度为滇王新政指出了最佳的实施方案：

"大王，宗教活动的根源，主要来自信徒内心深处对于神明的崇敬和恐惧。滇人之所以深信神明，主要源自内心的敬畏感、依赖感、惊异感、罪恶感、获救感和神秘感。目前，滇人之鬼神信仰已与滇人的日常生活密不可分，祭祀活动更是滇人内心的重要寄托。若能将宗教活动与滇国政令密切结合，则能让滇民更加透彻地理解政令，更加精确地执行律条。为此，只要各部落的巫师能根据谕令的规定，以神灵的名义，要求部众保护青山绿水；以部落的族规宗法，严惩违反律令之人；以乡约民俗，约束部众的行为规范。这天人合一的社会秩序自然就会形成，爱护自然环境的社会观念自然就会稳固。"闻此良策，庄蹻如释重负，他立即走下丹陛，向各位巫师一一作揖致谢。这一举动令在场的每位巫师倍受激励，他们暗自下定决心，一定要协助滇王有效推进新政。自此，依托宗教和民俗，滇国以往律法难行、政令难通的问题逐一得到解决，湛青的蓝天下，民心凝聚、政通人和。

"高封牛"和"滇池驹"

早在战国初期的《周礼·天官·冢宰》中就对兽医职责做了详细规定："兽医掌疗兽病，疗兽疡。凡疗兽病，灌而行之，以节之，以动其气，观其所发而养之；凡疗兽疡，灌而劀（刮）之，以发其恶，然后药之，养之，食之。"要求兽医在治疗牲畜内科病时，采用口服汤药，缓和病势，节制行动，借以振奋牲畜的精神，使之能够康复；治疗牲畜外科病时，除了给牲畜喂服药石之外，还要施行手术，割治肿瘤，并把脓血恶液排除干净，使之能够痊愈。所以，先秦时期若能有合格的兽医协助，一个地区的畜牧业将可得到长足发展。然而，滇池流域太过边远，内地的兽医兽药未能传入，导致滇国的畜牧业一直难以突破发展的瓶颈。这些年，随着滇池流域经济水平的不断提高，渐渐有秦楚等国的兽医为避中原战乱，悄悄跟着难民的队伍，迁徙来到高原。他们不仅带来了《神农本草经》中收录的解表、清热、泻下、消导、温里、祛湿、理气、理血、收涩、补益等治疗家畜疾病的若干方剂，还带来了针灸、砭石等手术治疗家畜疾病的器具，这给滇国的畜牧业带来了全新的希望。

当年借宿大池时，主人家由于所放牧的母牛母羊大量死亡，导致收入锐减、生活贫困的旧事，一直让日理万机的庄蹻时时挂怀。这日，当他听说有兽医辗转入滇后十分高兴，立即命人将兽医们请入王宫，授予官职和俸禄，命令他们迅速前往各地牧区，帮助牧民们解决牲畜疫病。虽然滇国众臣对于庄蹻授予兽医高官厚禄十分不解，但鉴于滇王的英明，他们也没有做太多的反对。兽医入滇，畜病被控制，很快，以畜牧业为主要生计的滇民生活水平得到有效改善，以畜产品为主要经济的滇国实力得到迅速提升。此时，众臣不由得为滇王的深谋远虑和高瞻远瞩所深深折服，对于滇国的未来更加充满信心。

这日，在牧区工作的兽医们传回了一个好消息。原来兽医们发现滇人的牛马品种极为特殊，若是稍稍加以改良和利用，定将成为滇国生产力水平急速提高的关键要素。滇牛名唤“高封牛”，此牛虽然体型矮小，两角下垂，额脊突起，项上圆峰突出，尾巴又阔又短，精壮不足，体貌不扬，但是较之西南地区大量饲养的牦牛，“高封牛”更易驯化，勤恳耐劳，能驱使耕地，可役使载物；滇马名唤“滇池驹”，此马身材不高，体小蹄健，阑筋竖立，膝如团曲，腹若城郭，眼似悬铃，耐力极强，能长途奔跑，可极限负重。滇人的古老传说认为，远古时候的滇池中有一神马，毛色如金，日行千里，它常在夜里潜入人间，混迹于滇人的马群中。“滇池驹”就是神马与滇母马交配所生的骏驹后代。“高封牛”和“滇池驹”若能得到大量繁殖驯化，将为缺乏舟楫之便的滇国物运带来福音，为长期发展滞后的农耕经济带来动力。庄蹻闻报后欣喜万分，立即命令兽医们在滇东地区创办牧场，大量培育“滇池驹”“高封牛”等大型牲畜。其后几年，不仅滇国的物资运输状况得到有效改善，而且大量的畜力将滇国人口从沉重的体力劳动中解放出来，滇国的生产力水平得到有效提高。

欧亚大通道

高山大川、莽莽丛林，艰难的道路，并没能阻碍人类交流的脚步。物资的差异、文化的好奇和商品的利润，促使远古时代的滇池地区在马铃的叮当声中，不知不觉地成为东西方贸易的中枢。向东、向西再向南，在被动与主动的选择中，红土高原上出现了两条繁忙的国际大通道。

商道中枢的地理优势

由于秦楚争霸，内地与滇的商路中断许久，虽有少数商贾冒死求利，终因一路上关卡重重，通关物资的总量很少、品种有限，尤其是宽幅竖机棉布和精巧工具在滇国境内奇货可居，很难寻获。与此同时，自从昆明人日渐强大，占据了叶榆以西的巂唐城后，来自印度、罗马等国的商人常常遭到昆明人的抢掠，财物驭马损失严重，都不敢继续向东从事贸易，一时间导致了滇国与西方各国贸易的中断。自古以来，滇池流域山地平坝较多，畜牧业较为发达。这一时期，在众位入滇兽医的帮助下，滇国的牛羊马匹增长迅速，腊肉干巴挂满屋檐院墙，皮毛制品塞满牧民帐篷。加之，牛耕技术的引入和稻作方式的日益成熟，连续几年风调雨顺，滇国许多人家的仓房和贮柜都已装满。虽说牧场中堆满了兽皮牙角，仓廪中装满了稻谷麦菽，府库中塞满了金银铜器，红土高原呈现出一派富饶美丽的景象。但是，富足的滇国却始终缺少复杂的器械、适用的棉布和丰产的良种，富有的滇人几乎见不到华美的绸缎、精巧的器皿和梳妆的铜镜。尽快打开滇国四邻的关隘，与周边地区互通有无，进行必要的物资交换和贸易，补充滇国经济结构的缺陷，是改善滇国各部族民众生活水平的便捷办法。

商贸对于滇人而言并不陌生。长期以来，从蜀向西的商队马帮早已在崇山峻岭间踏出了一条通往西方诸国的商道——蜀身毒道。这条道路以蜀国都城为起点，西南出邛、僰至滇，再经敦忍乙（今缅甸太公城）、阿萨姆（今印度阿萨姆邦）进入身毒（今印度），再以西域各国为中转，一路西进，最终抵达波斯（古波斯帝国）以至大秦（古罗马帝国）。这是华夏地区通商西方最古老的一条通道，滇池地区则是这条通道上东西方货殖的贸易中枢。各国商贾马队，或自西往东，或自东往西，大多都在滇的土地之上完成交易，然后便各自携利，踏上归程。在滇王国建立以前，滇人质朴，不懂商贸，没有主动参与到商道的贸易之中，仅在家中缺少某种物品之时，才手持自家的物产，立于沿途，等待与路过的商队进行交换。因为易物的目的只为所需，从不在乎交换的多寡与货物的品质，故而时常为奸商所蒙骗，导致滇人内心深处耻商、惧商，逐步形成了滇人不愿从商的风俗习惯。庄蹻为王以后，虽然农牧并举、百业初立，经济实力不断强盛，但滇池流域物资不足的情况并没有得到根本性的改观，发展商贸、促进交流，成为滇国占据商道地利中枢的必然选择。

庄蹻王滇时期，滇国的主要物产有滇马、僰僮、牦牛、铜锡、金银、皮毛、丹漆等，数量充足，品质上乘，大多是内地诸侯争霸急需的战略物资。只要将这些物资运入内地，就能够换回丝绸、铜镜、粉黛、胭脂、蜀布、邛竹杖、良种和工具等西方商贾喜好的物品，再进行交易，即可得到来自西方的琉璃、海贝、石髓、珠宝、器皿和工艺饰品。一来二往，不仅能有效改善普通民众的生活水平，还能增加滇国府库的税赋收入。

庄蹻与朝中的几位智囊分析了滇国的地理优势和现实需求以后，决定主动参与到东西方的贸易之中，以己之长而易人之长，以他国的充足补充滇国之匮乏，兴商促贸，逐步解决滇国物产充盈与物资不足二者并存之矛盾。然而，恢复古道、促进贸易的政令还未颁布，就有许多大臣和族老得到消息纷纷前来劝阻："但凡工肆之中每增加一名匠人，则田牧之间要减少一个劳力。大王的兴商令一旦颁布，工商业与农牧业争地夺人之势定将更加严重。工商人家，懒于劳作，华服美食，教坏子弟。长此以往，世风日下，国民懈怠，国家危亡。远的且不论，富蜀灭于贫秦之手，就是重商亡国的前车之鉴！""农是国家根本，牧乃国家根基。商于世道而言，毫无益处。其常以唾手之厚利，诱惑良家子弟，荒废经文田地，追逐贪欲；其常以奢靡之歪风，影响无知市井，陷入声色犬马，唯求欢淫。重视工商，虽可得一时之利润，但对于淳民安国，往往弊端突出，危害长远……"

面对众人的反对之声一浪高过一浪，庄蹻明白，没有具体的成效，很难获得充分的理解，此时必须多加解释说明兴商之理由，才能有效减少这一政令推行的困难。于是，他不厌其烦地认真阐述道："士农工商各有其业，于国而言，无一可少。关键的问题不是何轻何重，而是因势利导，平衡发展。滇居于华夏之西南一隅，崇山峻岭，交通不畅。囿于地势，流通困难。当下滇国之物产，或有不足，或过丰足。通商，近期之获在于货殖，使坊间急缺的物资能及时进入滇国，使过度丰足的物产能换回民众日常的所需；中期之利在于富民，有了货品流通，才能激发民众生产之热情，全心全意勤于劳作，自然可换回富庶的生活；长期之益在于强国，滇据有东西交通之要道，占尽四方物流之地势，行可获地域利差，坐可收货殖利税，拓可得西南疆土，徙可播华夏文明。当然，大家所言也十分有理。过度重商，将导致大众溺于物欲，小民失去本心，国政丧失理性。但是，此时工商依然是滇国之软肋，发展之初，必须给予必要扶持，否则难以萌芽生长。仔细想来，蜀之灭国，有商之弊，但重责在政，其治国者只看重商之利润，不管束商业之弊端，故而放纵国民骄奢淫逸，将卒贪生怕死，官吏贪污腐败，文士媚俗无志，农牧怠于劳作，工肆作奸犯科，商贾唯利是图，如此世风，民虽富却不行道义，业虽兴多囿于私利，国虽大已趋于涣散。故而，蜀国之毁灭，表面上似乎是败于强秦之铁蹄，骨子里完全是灭于价值之混乱，人性之迷失、政治之无能……”见庄蹻兴商强国之志不可夺，贸易富民之愿不可移，众人心中虽依然还有些抵触，但都遵从王命，逐一前去张罗布置。

联结东西方

鉴于偶尔有波斯商队能够突破昆明人的封锁来到滇池邑进行贸易，畅通滇池以西商路的难度相对要小一些，左右权衡，庄蹻决定首先面向西方打开通道，其次再派人想办法撬开内地的关隘，从而让四面受到牵制的滇国，找到更加宽阔的发展空间。策略一定，众人马上着手具体执行。然而，此时的蜀身毒道中断已久，道路、驿站毁坏厉害，加之昆明人部落强盛，挡在中途，形成壁垒，所以西方商路畅通的关键在于尽快打通昆明人的关节。正巧，这一年洱海流域已经历了三年大旱，昆明人的许多牧场由于牧草不足、人畜饮水困难等原因，牲畜大量死亡，各部落的生存受到严重威胁。同时，在与滇国的多年征战中，由于武器和人丁都处于劣势，昆明人人马损失严重，已失去了昔日的锋芒，通过战争掠夺物资的能力也大不如前。面对天灾，眼看众多族人命悬一线，昆明人的大头领感到头痛不已。这时，听说滇王为了恢复商道，派了使臣前来议和，大头领瞬间看到了昆明部众渡过难关的希望。针对滇王使臣让昆明人放弃道路关卡且不对蜀身毒道上的商队和马帮进行骚扰的要求，大头领提出了滇王借给昆明部落大批粮食和牧草以换取商道平静的要求。双方很快达成共识，在铜鼓低沉的“咚咚”声中，昆明大头领与滇王使臣歃血为盟，指天发誓，定下粮草换通路的契约。蜀身毒道西段，终于迎来了久违的马铃声。

此时，远在西方的中亚、西亚各国，与中华大地的列国纷争十分相似，也是战火纷飞，民不聊生。公元前550年，居鲁士二世大帝推翻米底部落的统治，建立了第一波斯帝国（中国的史籍中大多记录为八昔国，阿契美尼德王朝）。公元前522年至公元前486年间，在国王大流士一世的统治下，波斯帝国进入鼎盛时期。波斯帝国的疆土东起印度河流域和中国西部的葱岭地区（今帕米尔高原以西的喷赤河和瓦罕之路一带，是中亚塞人的聚居地），西至巴尔干半岛，北起亚美尼亚，南至埃塞俄比亚，拥有人口5000多万，土地面积700多万平方公里，是世界上第一个横跨亚、非、欧三大洲的大帝国。波斯帝国的昌盛和繁荣，促进了商业经济和国际贸易的发展，也提高了波斯贵族对于生活品质的追求。当时，由于东土绚丽的丝绸、明亮的铜镜和宽大的棉布是波斯豪门巨贾争相抢购的奢侈品，许多为了谋求重利的商队不畏艰险，纷纷走上了危机四伏、困难重重的东方商路，在战火、关税、盗抢、疫病、瘴疠和天灾的缝隙中，赚取超出本国贸易数倍的国际利差。带着欧亚各地珍异宝物不断东来的罗马、波斯、印度商人，沿着蜀身毒道进入蜀国，换取东土的丝绸、茶叶、漆器等金贵之物，再原路返回西方，获取暴利。

然而，庞大的波斯帝国自建立的那一天开始，由于宗教问题、阶级矛盾、民族冲突乃至统治阶级内部的王权与贵族权力之争，各地的摩擦、起义、叛乱和兼并此起彼伏，严重削弱了波斯帝国的军事力量和国家实力。公元前247年左右，波斯帝国东部地区的安息国（即帕提亚帝国）和大夏国（即巴克特里亚王国）先后崛起宣布独立。与此同时，西部的罗马帝国日益强大。伴随着罗马军队的铁蹄，罗马帝国不断东扩，波斯领土遭到蚕食。其后数年，战乱不断的第一波斯帝国逐步走向了灭亡。

滇王欲重建欧亚大通道的时期，正是第一波斯帝国分崩离析的混乱时期。一方面由于希腊军队大举攻入波斯疆域，导致原先归附的埃及等国纷纷重新独立；另一方面由于波斯国内的大贵族拥兵割据，在帝国的东部建立起许多新兴国家，导致波斯帝国丧失了国家应有的凝聚能力。战火弥漫，硝烟四起，昔日沉溺于享乐的王公大臣、宫廷贵妇们失去了无比尊贵的身份，也失去了享受奢华的欲望和能力，来自东方的丝绸、织锦、铜镜、粉黛等奢侈品瞬间失去了原有的地位。也正是这一时期，强大的摩羯陀国正在崛起。在残酷的开疆拓土战争之中，摩羯陀国逐步控制了印度河平原、恒河平原、孟加拉湾、德干高原以及远达阿拉伯海的广大领域，国土北起喜马拉雅山南麓，南至迈索尔，东临阿萨姆西界，西抵中亚南部兴都库什山，除了南端外，整个南亚次大陆领土尽为其有。

摩羯陀国的创造者——月护王旃陀罗笈多，出身于一个饲养孔雀的家族，所以其国又被世人称为“孔雀王朝”。孔雀王朝统治的疆域广阔，种族众多，国力强大。凭借着地理优势和国家实力，摩羯陀国很快从衰落的波斯帝国手中接过了主持东西方贸易的权杖，以十分亲和的兴商政策，吸引大量来自东西方各国的商贾齐集国都华氏城（今印度巴特那市），形成了颇具地域特色的商贸体系，呈现出一片繁荣兴盛的商业景观。当探明西方国家的具体情况以后，庄蹻放弃了直接通商波斯帝国的最初设想，改为选择位置较近且商业水平已具规模的摩羯陀国作为开展贸易的最佳目标。

与昆明人大头领达成盟约以后，滇王立即派出商队前往华氏城，向当时的摩羯陀国国王——阿育王送上滇国礼物，以达成相互通商的协议，并大量收集中国内地极为稀缺的欧亚制品，准备作为撬开滇与内地通商阻碍的“利器”。数月之后，浩浩荡荡的商队返回滇池邑，他们不仅带来了南亚、中亚、西亚以及欧洲各国的货物，还带来了多元的文化和新兴的技术。滇王亲自从西域购回的奇珍异宝中挑选出最为珍贵的蚀花石髓、火红珊瑚和夜光璧等装进彩漆奁盒，又让人从王宫的后苑中挑出鹦鹉、孔雀等珍禽异兽装入金丝笼中，安排了一名能言善辩的楚人为信使，带上各色礼品，悄悄潜入秦、楚两国，暗中寻求开关通商之便。

战国末年，秦国独大，其他各国只有相互联合才能基本抗衡秦国的强势。但是，由于各国之间一直拘于私利、彼此较劲、各有打算，导致看似完美的合纵之约，必须有各国谋臣辩士不断进行斡旋，努力调和关系，才能得到有效的维系。这时的楚国令尹是春申君黄歇，此公性豪旷、多智慧、有辩才，当年仅凭三寸不烂之舌，便力敌千军万马，使质于秦国的楚太子熊元得以顺利摆脱秦王嬴稷控制，回到楚国继承王位。这些年，黄歇多次游说于各个诸侯国之间，力求保持稳定的合纵关系，维护楚国作为纵长的核心利益。然而，每次出使各国都必须以奇珍异宝作为“敲门砖”才能打通进入王宫的关节，才能有效联络与各诸侯王室和重臣的感情。因此，寻找能让诸侯贵族感兴趣的珍宝，一直是让黄歇伤透脑筋的难题。当滇王信使来到陈都，手持西方各国的奇珍异宝拜访黄歇，谋求通商之道时，黄歇毫不犹豫，立即应允，并安排地方官吏暗中提供人力物力，帮助私商突破秦军的围堵，促进滇楚间的贸易。

获得楚国的支持后，滇国信使未敢多做耽搁，立即携带着孔雀、鹦鹉等珍禽异兽来到咸阳，谋求秦国贵族的关照。多方打探以后，他决定前去拜访秦王的王后叶阳，以求获得这位楚国宗亲的帮助。通过重金贿赂秦宫内侍，滇国信使终于在内侍总管的帮助下进入咸阳宫，见到了叶阳后。当年，为了达成秦楚连横之约，应秦国宣太后之请，只是楚国宗亲的叶阳被楚王熊槐以王妹的名义嫁到秦国。多年以来，待在深宫从未回楚的叶阳很是想念亲人，很是想念家乡的山山水水。这日，见庄蹻派来的信使，说着楚语、穿着楚服、行着楚礼，心里就有了几分由衷的亲近感。宾主见礼之后，信使令人将孔雀和鹦鹉带到了叶阳后的面前，请王后赏鉴。经过人工驯养多时的孔雀一到大殿，便轻踱舞步，舒展翠羽，傲然开屏，叶阳后乐得情不自禁走下丹陛，仔细近玩。还没等叶阳后从惊诧中回过神来，一旁架上的鹦鹉又扇了扇翅膀，朝着叶阳后叫道："君夫人安好！君夫人安好！"地道的楚语令叶阳后心花怒放，激动不已。见滇国信使进贡的孔雀颇通人性，呈献的鹦鹉会说楚语，给自己秦宫的寂寞生活多了些快乐寄托，叶阳后不由得对信使亲切了许多。当她得知滇使的使命只是打通滇秦间的商路以后，立即爽快答应给予暗中的支持。

手持叶阳后密信的滇国信使随后马不停蹄直奔蜀郡郡治成都，拜访郡守李冰。自从秦国灭了蜀国，任命大将张若为蜀郡郡守以后，他设关守隘征收重税，导致商贾畏行，商道渐废。其后，张若又大量征调蜀郡物资支援秦军战事，导致号称"天府之国"的蜀郡，百业凋敝，物资贫乏，商品经济陷入停滞，在一定程度上影响了蜀郡的税收和人丁的增长。这次，滇国信使持秦王王后的密信前来联络重开商路一事，正好与新任郡守李冰心中的打算相互契合。接信以后，他立即基于蜀郡的利益需求进行布置安排，不仅给予了西行商队由蜀入滇的关防便利，还悄悄安排人手，以积薪烧火的方法，重新修整和拓宽蜀滇古道。同时，他密令亲信扮作商贾，暗中参与西南地区的贸易，大量贩入秦国征战四方急缺的青铜原料和马匹牦牛。

南下入海国

花开两朵，各表一枝。那年，开明泮因侍从杀人闯祸，匆忙间率领着蜀国遗民一路往南逃，行至滇南进桑关。但见青山翠绿，二水环流，四季浓荫，花果飘香，雨量充沛，物种繁多，是一个休养生息的好地方。与族老商议后，大家决定不再继续南奔，驻扎下来，垦田放牧，谋求生计。这些受足惊吓的蜀人本想安分守己，默默度日，但越是怕事，越是有事发生。此时的进桑关地区人烟稀少，野物颇多，农耕之余，开明泮便带上灵弩和族中青壮，前往山中狩猎，以改善族人的生活。这日，众人贪心猎物，越走越远，不知不觉走入麋泠（今越南永富省富寿）境内，远远望见一群犀牛正在江中嬉水，因知道犀角十分贵重，立即搭弩而射。只见群牛应声倒地，汩汩的鲜血迅速染红了半条江水。开明泮见猎物中箭，非常高兴，当即命令随从上前取角，逐一犒赏随行的猎手。但就在这个时候，数百名持枪搭箭的武士在一名头插雀翎、身披豹皮，自称为文郎国雄王的酋领带领下，将众人团团围住。他们强行抢走猎物不说，还打死打伤数名不甘受辱而反抗的蜀人。见对方人多势众，心机颇深的开明泮不敢做无谓反击，只能忍气吞声，带着随从灰溜溜地返回驻地。

随后，心中颇不服气的开明泮暗中安排探子，悄悄潜往文郎，打探那肥胖雄王的虚实。原来，这文郎国雄王本是神农之后，家族据有交趾（今越南）北端建立方国，至今已传位数代。而此时的文郎雄王昏庸无道、狂妄自大，他自恃强勇，从不操演兵备，也不关心民生。因此，这文郎国虽然貌似强大，但内里腐败，不堪一击。开明泮闻听密探回报，立即有了报仇雪恨的主张。一天深夜，开明泮率领蜀丁冲入文郎王宫，本意只想骚扰一下，解气就走，哪知那文郎雄王已然酒醉，听到有蜀人杀进宫来，惊慌失措之间想上马迎敌，却失足落入井中，溺水而亡。见文郎国中群龙无首，一片混乱，开明泮便顺理成章带领蜀人入驻交趾，自立为王，号称安阳王，改国号为瓯雒。随后，蜀人在越裳地区建立起瓯雒国国都——思龙城。这思龙城的城池盘旋有如海螺，故而又被称为古螺城。建立瓯雒国以后，开明泮制章立典，带领着蜀人与原文郎国民众和平相处，渔耕兼顾，基本解决了国中众部族的生活需求。但是，半壁临海的瓯雒国由于缺乏制造海船的技术，无法让渔民进入深海获取渔业重利，更难以凭小舟轻松来往相近的海国赚取互贸利差，因此国人的生活水平并不高。

在滇国大池生活期间，开明泮曾见过越人制造的大船行驶于江河湖泊之间，那楼阁般的船身高大而坚实，两头高耸的船尖弯弯向上，远远观来，犹如浮于云海的一弯新月，就像漂于水面的一朵荷花。滇国大船的船舱之中设有格室，既可以载物，又可以住人，借水道之便，凭风帆之力，长途远行，能节省大量的牛马驮力。到了交趾以后，每次看着那茫茫的大海，开明泮的眼中都会闪现出滇国大船雄武的身姿。思来想去，为了瓯雒国的利益，开明泮主动上表滇王请求帮助。在文书之中，他一是向滇王陈述了瓯雒国西南众多海国的具体情况，提出让滇国借助瓯雒的地利之便，交易南洋的大胆设想；二是恳请滇王宽恕当年蜀人杀巫南逃之罪，帮助瓯雒国建造能够进入远洋的海船，让忍饥挨饿的瓯雒国海民，通过渔业和商贸实现富裕。

当年，开明泮率众南逃，庄蹻念及众多蜀人实在无辜，不忍心让他们被滇人捉回充为奴隶，所以没有派大军南下追讨，只是处置了罪魁祸首，便不再追究责任。这时，见开明泮主动上表请求结盟，心中虽然对他的反复无常有些不满，但念及瓯雒国民船帆不力，生活艰辛，他便不顾众臣的反对，决定派出工匠，协助开明泮建造大船，通商南洋。

这一时期的红河水系属于滇池南泄的主要河道，水量充沛、河床宽敞、险滩不多，大部分河段的水深和水流都适宜行船，具有开发利用的先天优势。因此随后几年，在滇王的积极支持下，大量越、濮等族民夫进入红河沿岸的深山之中伐木取材，再沿着红河水道将木材漂至麋泠，拖至木厂，制作为板。然后，将船板用小船运送到古螺城船坞，进行大船修造。随着南下人口的不断增多，滇南地区逐渐形成了一条水运与陆运相结合的物资通道，这条古道不仅通过红河水系将滇池流域与大洋海国串联起来，而且向东延伸与原有的黔中道相联结，打通了内地与南洋地区贸易的商路。

开疆拓土　移民西行

物资的大流通，给高原上的青铜文明走向四方创造了条件；人口的大迁徙，让中华的地域格局逐步趋于明晰；文化的大融合，使人类的社会意识更加和谐包容。伴随着中华各民族西进南下的脚步，湛蓝天幕下，1440多个坝子日益兴旺祥和。

因地制宜的社会治理

新建立的滇国政权根据区域内部族众多、文化多元、生产生活方式多样等地域特征，参照周礼制定了以部族自我管理为主的温和型统治模式，通过紧密联络各部族酋领和长老的间接性统治手段，将滇国上下治理得秩序井然。强盛的国力，包容的制度，令各部族民众生活得安逸、平和而自在。同时，滇国政权的制度设计并未为周礼所限制，根据多民族地区社会经济发展的迫切需要，摒弃了中原地区士农工商等级划分，废除了商贾家族社会地位低下的旧制，建立了符合区域发展要求的制度体系和管理模式。在滇国统治时期，从事贸易的商贾和来自西域的异族不仅被视为上宾，还常常被邀请参与主持滇国的文化、政治和宗教活动。因此，虽然战国末年长途贩运极为困苦，仍有许多东西方不同国家、不同地区的商人为了获取重利和尊重，不惜冲破重重阻力，冒着走私逃税的罪责，潜入滇国经营。

庄蹻王滇以前，由于当地原住民都以畜牧和狩猎作为主要生计，彼此间几乎没有什么贸易，因此一旦出现物资紧缺，部落间往往通过抢掠的方式获得补充。在蜀身毒道畅通的时期，若有商贾往来，当地部族偶尔会立于山道之间，通过以物易物的方式，用马匹牛羊、皮毛和猎物向商人换回急需的食盐、布匹和工具，但开展贸易的环境并未形成。庄蹻王滇以后，随着滇国百业的兴盛，滇东地区的物产越来越丰富，各部族的生活也越来越富足，区域内外需要进行交换的东西越来越多。但是，由于缺失有效的交易机制和合理的交易平台，如何交换成了摆在众人眼前的现实难题。

这日，滇国的集市来了一名蜀商，他携带大批的精铁工具来滇交易，欲购回生漆数桶，可割漆的滇人并不要铁，他们想用生漆换了稻谷回家，而种稻谷的越人此时需要的是昆明人畜牧的牛马，昆明人急需的则是断了许久的食盐，相互之间没法达成共识，又都不愿意放弃急需的物品，于是各自唤来亲族帮忙，谁知人多口杂，论理不成竟以拳脚相向。为避免争端进一步扩大，贸易纠纷升级为族际械斗，在几位长者的劝解下，一大群人拉拉扯扯地来到市掾衙门，请求市掾给予明断。这市掾平时收税就已非常头痛，每次要从众人交换的物件中抽税入库、登记造册、妥善保存，本已是绞尽脑汁，如今遇到这糊涂官司就更没了主意。他左劝右劝半天，都没能解决实质性问题，担心再拖延下去会招致民乱，只好前去求见滇王，请求滇王的指示。

战国时期，齐、楚、韩、赵、魏、燕、秦都铸造了自己的货币，一定程度上促进了贸易的发展，但由于各国相互之间并不完全承认对方的货币，商人间进行直接交易还是极为困难。庄蹻在楚国时就已发现了这一问题，还曾建议楚王以合纵盟约为基础，建立可以相互兑换的货币政策，可是当时自己人微言轻，这一设想并没能得到重视。眼见滇国因为货币问题将陷入交易的混乱，庄蹻立即安排人马前往市掾衙门，以滇王府库作为担保，按照众人的需求，逐一完成了货物的交换。待事态平息，他立即召集朝中众臣商议长效性的解决方略。但是，由于各部族大臣都想以自己族人认可的等价物作为交换的货币，多日下来，争执不休，始终没有定论。时间不等人，仔细斟酌之后，庄蹻决定选择一个兼顾各方利益的折中方案，以打破这拖延胶着之势。

此时的滇国境内部族繁多，各部族自给自足自成体系，交易需求不大，而且，部众均已习惯以物易物，故短时间滇国内部广泛使用货币的可能性不大。因此，庄蹻认为没有必要立即铸造滇国专用的钱币，只需选择大众普遍认可的等价物为币，便可避免劳民伤财，实现物资流通。鉴于滇国的主要贸易对象是西域和南洋地区的国家，他首先根据西域番臣的建议，选用西域和南洋地区多国通用的环纹海贝和金银锞作为滇国的硬通货，其次选用滇民普遍认可的盐块作为滇国的主要日常货币。然后，他安排税吏参照周边各国的货币模式，建立自成体系的贝币制度——庄手制（一枚环贝称为一庄，四庄为一手，四手为一苗，五苗为一索，一索即为环贝八十枚。庄手制与中原地区“五贝为一系，二系为一朋”的计量方式大相径庭，采用的是波斯湾阿拉伯人惯用的四进位计量制度）和盐模造币制度，通过设定金银与贝币、盐币之间的兑换标准，建立规范的滇国贸易体系。币制建立以后，滇国的市场机制日趋稳定。

国内国外两个市场

这年，在瓯雒国开造的新船终于完工入海，除了部分大船为渔业所用外，更多的大船担负起开辟海上商路的使命。载着中国内地的丝绸、布匹、漆器以及滇国的青铜器、茶叶、粮食和牛羊等物资，船队聘请当地熟识海路的渔民为水手，从古螺城出发，顺着洋流，依次抵达都元国（今苏门答腊岛附近）、邑卢没国（今缅甸南部）、谌离国（今缅甸伊洛瓦底江江口地区）、夫甘都卢国（今缅甸蒲甘地区）、黄支国（今印度南部地区）、不程国（今斯里兰卡）等，带回了南洋的明珠、海贝、珊瑚、檀木、犀牛、翡翠、焦邪、玳瑁和短狗等奇珍异宝。这些航行，虽然没有建立轰轰烈烈、名彪史册的功业，但开启了滇国与南洋海国间人文经济交流的新纪元，让青铜文明与海洋文明有了第一次全面的接触，让深处内陆的高原民众第一次感受到了海洋世界的广袤，让长居南洋的海国民众第一次认识了高原胸襟的包容。西汉时期，汉王朝使臣借助滇国开辟的南洋水道第一次出访海国时，他们不仅在航海日志中如实记录下这条古老的海上贸易通路，还以一种赞叹的笔调表达了对开路先民的崇拜和敬仰。

随着海国贸易的不断深入，越来越多的各国商贾携带着山珍水宝汇聚瓯雒，再转道中华各地。自此以后，每年大大小小的商船渔帆，航行在蛮耗港（今云南个旧）、交趾港以至南洋各国港口之间，携带着滇国的青铜器皿，满载着沿海的环贝奇珍，来来往往，频繁贸易。温暖湿润的海洋季风渐渐吹遍了整个红土大地，高原上淳厚广博的青铜文化也渐渐散播到南洋各地。随着后世的蜀安南道（西汉古道）、马援古道（东汉古道）、安南通天竺道（唐代古道）、步头道（唐代古道）的兴建和繁荣，滇南地区逐步成为中华大地与南洋各国物资与人员交流的重要聚散地，中华文化与海疆文化交融的西南核心区。

这一时期，远道而来的中国内地商贾，长途跋涉的身毒商队，乘风破浪的南洋商船，每次所携带而来的货品越来越多，他们在城邑中建立货栈，长居滇国，开展经营，繁衍人口。同时，平日里忙于生计的各部族民众，也逐渐尝试着在生产的间隙，将自家的东西拿到集市交换，从中获取贴补家用的利润。针对滇国贸易体系日益成型这一状况，为方便滇国民众进行必要的商品交易，滇王统筹规划、合理部署，逐步将滇国众多的民俗庆典和宗教祭祀活动演变为定期的花市、马市、牛市和鸡市。随着越来越多的摆场、街子和集市沿着道路两旁一一固定，滇国的商品经济日显繁荣，各部族民众通过互通有无，生活水平得到了有效提高。

面向国内国外两个市场发展商贸的巨大成就，给滇国从政治、经济到民众观念、生活方式等各方面都带来了巨大的变化。这年年底，庄蹻召集滇国境内的各部族长老、头领、军队将帅、商贾领袖和地方贤达齐聚滇王宫，共同庆贺滇国的繁荣与兴旺。席间，庄蹻让人将从内地、西域和海国所带回来的珍宝一一抬出，供宾客们观赏品鉴。宴毕，庄蹻根据实际需求，将所有的珍宝逐一分类，通通赏赐了众人。琳琅满目的珠玉珍玩、五光十色的绫罗绸缎，令人目不暇接，尤其是有益农作的各类种子、精巧实用的各色器械，令许多对开辟商道颇有微词的将领和族长，终于理解了滇王恢复商道、促进贸易的良苦用心。

开疆拓土大移民

秦国严酷的法度和沉重的税赋、徭役，令境内的百姓不堪重压，听说滇国没有战火，百姓负担颇轻，部族间和谐共处不相轻贱，便纷纷涌向西南，寻求滇王的庇护。面对不断涌入的各族移民，初始之时，滇国民众都热情相待，赠予衣食，授予田地，提供安身立命之所。然而，随着新移民数量的剧增，他们不仅因水源、耕地和牧场与原先的滇国民众发生争斗，还因为生活空间的狭小与原住的部族发生冲突，导致许多滇国居民对滇王政策略有微词，对移民入滇心怀不满。

眼见滇东平坝已无法承受如此众多的人口，如不能尽快为这些新来的人口找到落脚之处，族际间的摩擦势必增多，族群的矛盾势必激化，冲突爆发的后果将危及滇国的存亡。为此，庄蹻急忙召集臣属、族老和商领们到王宫商议对策。来自波斯的商领为滇王指出了一条开疆移民的策略："大王，自滇往西，便是昆明，离开叶榆再往西就是巂唐，再往西就少有人烟。目前，身毒与滇国之间的众多平原坝子，大多处于荒芜状态，那里草甸秀美，湖泊清澈，颇适宜人居。若能越过昆明人的地域，将巂唐建设成为滇国移民西进的重镇，以巂唐为中心，进一步安排移民不断西进和南下，开拓荒地，垦田放牧，将来再沿途修缮道路，建立城邑，设置关隘，不仅能为西方远来的商旅提供馆驿和通关便利，还能有效地扩大滇国的疆域，安置越来越多的子民。" 这话与庄蹻开疆拓土的想法不谋而合，他当下颔首赞许，安排人马勘查西行道路。

蜀身毒道东端分为灵关道、朱提道和黔中道三条入滇通道，抵达叶榆以后便汇集在一起，经巂唐城，越过高黎贡山山脉至腾越（今云南腾冲），再转入缅甸山区，最后抵达印度平原。在中国境内的最后一段被称为博南道（即永昌道），这一段道路以博南山区为起点，故而以博南为名。唐代的樊绰在《云南志》中记载："高黎贡山在永昌（今云南保山）西，下临怒江。左右平川，谓之穹赕，汤浪加萌所居也。草木不枯，有瘴气。自永昌之越赕，途经此山，一驿在山之半，一驿在山之巅。朝济怒江登山，暮方到山顶。冬中山上积雪苦寒，夏秋又苦穹赕，汤浪毒暑酷热。河赕贾客在寻传羁离未还者，为之谣曰：‘冬时欲归来，高黎贡上雪。秋夏欲归来，无那（无奈）穹赕热。春时欲归来，平（囊）中络赂（钱财）绝。’”这条古道上川大山高，道路险恶。夏季，山中有热瘴肆虐、毒蛇出没，遇之难以全身而退；秋季，林间阴雨绵绵、泥石横流，人马跋涉难行；冬季，雪狂风号、冰凌阻碍，山高路滑无法越岭。每年只有一至三月是商贾可以较为顺利通过的时期，故而博南道上虽说没有兵匪盗抢，但物资和人员的损耗却极其严重。

滇王派出的勘路人马一路西行，很快越过昆明人聚居的叶榆地区，踏上了险峻的博南古道。因为不知博南道的情况，勘路队选择在初夏时节走入了茫茫大山。当大队人马出叶榆、涉兰津，翻山越岭抵达巂唐时，高黎贡山山区即将进入最为危险的盛夏季节。巂唐城中的波斯商人闻知滇王的勘路队要在盛夏时节西行探路，十分担忧，于是，几位德高望重的老者相约，前往馆驿进行劝阻。然而，此次滇王所派勘路队由年轻人组成，他们一来年轻气盛不知滇西热瘴山洪的危险，二来豪情万丈一心只想尽快完成滇王安排的任务，遂婉言谢绝了老者们的好意，收拾行装，继续上路。商人们十分感念滇王给商业创造了兴旺的机会，更是感恩滇王让商人拥有了做人的地位。他们见劝阻不成，便纷纷主动捐出祖传的瘴疠验方，并为勘路队提供了粮草、药物、马具、皮囊、干菜、腊肉、茶叶和防雨器具等西行物资。在巂唐商人的帮助下，队伍很快就把物资装备完毕，跟随着博南道上深深浅浅的蹄印杵窝，踏上了西行之路。

这日，一行人来到杉木关前，只见雄关漫道，峭壁插天，林木葱郁，山脊苍莽，人行其中有如壁挂于山崖。正如当地古谣所唱："杉木关，离天三尺三，人过要低头，马过要摘鞍。一上一下六十里，肚肌口渴汗如雨。" 好不容易登上山顶，山巅打银梁子间只有一块很小的平地，大队人马根本无法久驻，只得稍事休息便继续下山。原以为下山可以轻松一些，哪知过了万马归槽山口，往下一看，万丈深渊，道路宛若悬在崖壁间的一根细线。山道湿滑，一阵狂风劲吹，众人只觉影颤魂栗，脚下发软。没有办法，只得先将所有的马驮卸下，由人半蹲着先引着驮马滑至谷底，众人再返回山顶，背负着马驮，慢慢坐地溜滑而下。尽管万分小心，下山之时还是有人员和马匹坠落而亡。"昔日十里坡，只身不敢过。万里归槽处，黄昏鬼唱歌。" 漫长的博南古道以其多种多样的险恶，不断地考验着西行勘查滇人的体力和毅力。下得山来，并没有人家，难觅像样的落脚之处，没有办法，众人只得停宿野地，一边埋锅造饭，休息人马；一边查看地形，绘制图纸，以为日后建驿设关、移民西行的指南。由于山高林密，水气颇重，一时间大家很难寻到足够的干柴。此时，疲惫不堪的众人完全忘记了嶲唐商人的叮嘱，只胡乱寻了些山泉煮个温热，将就着吃了些干粮，便东歪西倒随意睡去。其后数日，一行人遇山披荆斩棘，遇水皮囊渡江，山中弥漫的瘴气和江中冰冷的雪水，很快让许多强壮的青年染上了重病。

这年夏季的高黎贡山中毒蛇肆虐、蚊蝇乱飞，继续西行的队伍越走越慢，不断有人员感染热瘴，倒扑路边。热瘴，其实多为疟疾，染病之人一般每日或间日发作，寒热交替，舌呈红色，苔薄白或黄腻，脉弦。虽说时至北宋年间的《太平圣惠方》才对热瘴的起因进行了一些探讨："夫江东岭南，土地卑湿，春夏之间，风毒弥盛。风湿之气，从地而起。山水湿蒸，致多瘴毒。行于崇山峻岭间，若吸入山岚瘴毒之气，易中热瘴。行人将引发风冷湿痹、头痛心烦、痰滞吐逆、两胫微肿、小腹不仁、畏热憎寒、四肢缓弱，以至神昏谵语、内闭外脱、毒气攻心、死不旋踵。"但早在春秋时期的《黄帝内经素问·疟论》就对疟疾的症状有了清晰的表述："疟疾起自'疟气'，夫'疟气'者，并于阳则阳胜，并于阴则阴胜，阴胜则寒，阳胜则热。疟之始发也，先起于毫毛，伸欠乃作，再寒栗鼓颔，腰脊俱痛，寒去之后，则内外皆热，头痛如破，渴欲饮水。"虽带有巂唐商人赠送的瘴疠验方，但山路艰难，众人能找到的药材数量十分有限，而且即便找到合适的药物，也因瘴疫难治，药石乏力，前前后后有半数的人马，命丧于滇西密林、怒江水岸。江水低鸣，洄波涟涟，一路拍打着石岸，破峡而去，带着倒在岸边众多青年西行的心愿，带着滇国民众货殖欧亚的梦想，一路奔腾，滋润着四周的树、亲吻着两岸的山……

当勘路队从腾越高地重返滇池邑时，人马已不足出发时的三分之一。一时间损失了如此众多的滇国才俊，庄蹻感到十分痛心。夜深人静，他仰望着群星闪烁的苍穹，不由自主地暗自思忖自己西进移民的策略是否妥当。夜空寂静，没有一丝一毫的回音。

伫立多时，平静许多的庄蹻回到书房，逐一仔细查看勘路队带回的物品，当他看到以蜀身毒道为主线所绘制的西进地图，顿觉眼前一亮，热血沸腾。突然间好似另外一个人的庄蹻手持灯烛，精神矍铄，雄心勃勃指点着地图，认真筹划着滇国开疆拓土的蓝图。随后，他一一召见了各部族头领，具体安排了移民西进的路线和目标，并为准备移民滇西的部族配置了充分的物资和护卫，统筹指挥各部一边筑路、一边前进、一边建城，以一种稳扎稳打的模式，展开了红土高原上第一次人口大迁徙和文化大碰撞。在民族大迁徙、文化大融合、物资大交流的过程中，滇国都邑逐步成长为一个欧亚货品聚散的交易中枢和面向南亚、东南亚的政治文化次中心。日益繁荣的蜀身毒道和进桑麋泠道给滇国带来的不仅是堆积如山的财富，还有南亚、东南亚、中亚、西亚以及欧洲的文化。正是这两条国际大通道，激发了一百多年后汉武帝开挖昆明池、打通西南夷、开拓西南疆土的豪情壮志，在中华文明史册之上留下了“汉习楼船”等华美篇章。

沿着西进地图上的标识，滇国开始了自滇池流域往西的大规模拓张。随着各部族移民开疆拓土的不断深入，西南疆域1440多个坝子渐渐集聚了人烟，沿着古道两边逐步建设的众多城邑、集镇、馆驿和关隘等，共同组成了交织的网络、坚固的防线和繁荣的商道，一个稳定的西南方国形象渐渐明晰起来。多年以后，滇池以西逐步建立起哀牢国（今怒江流域及缅甸北部地区）、乘象国（今云南腾冲和德宏地区）、掸国（今缅甸东北地区）、阿洪姆王国（今印度东北地区），以及后来的澜沧王国（今老挝北部）、勐泐王国（今云南西双版纳地区）、兰那王国（今泰国东北部）等众多独立或半独立的地方政权，它们虽距离滇池已逾千里，但始终与滇国保持着千丝万缕的联系。许多邑君、酋长和头领每年都亲带队伍，牵牛负酒，赍金宝土产，前往滇池邑向滇王纳贡。

兼容并蓄

得天独厚的地理优势，给滇国带来了东西方琳琅满目的物资、内涵丰富的思想和多姿多彩的文化，也给高原民众提供了多元化发展的选择。虚怀若谷的高原儿女，抛弃了中原王朝“天下中心、唯我独尊”的文化观念和统治思想，平视各族，兼容并蓄，在艰难的自然条件下，创造了独具风格的灿烂文明。

阿育王法敕

印度孔雀王朝的第三代国王阿育王并非天生就是一位仁慈的佛教徒，他的一生以羯陵伽国战争为界，界线分明地划分为“黑”“白”两个时期。早年的“黑阿育王”雄心勃勃，怀着统一南亚次大陆的宏图大志，率领将士驰骋沙场、攻城略地，屠杀了许多无辜的百姓。公元前273年，摩羯陀国国王宾头沙罗病重，阿育王闻知父亲命在旦夕，立即带兵返回华氏城争夺王位。一场场血腥的战斗之后，阿育王踏着自己众多弟兄的尸骨，举行灌顶仪式，登基为摩羯陀国国王。嗜杀成性的阿育王拥有至高无上的权力后，一方面挑选最凶恶的酷吏设置“人间地狱”式的刑狱，残害敢于反抗的贵族和百姓；另一方面厉兵秣马，再次率领大军，迈上开疆拓土统一印度大陆的征程。

公元前261年，远征孟加拉湾羯陵伽国的战争异常残酷，当地百姓的勇敢抗争激怒了阿育王，导致他对自己的士兵下达了屠城令。没有约束的士兵横冲直撞，造成羯陵伽国十多万人被杀，十五万人被掳。战役结束后，伏尸成山、血流成河的人间惨剧震撼了阿育王，被权欲所遮盖的恻隐之心终于被战争的惨象所唤醒，这位不辞劳顿、征战多年的君王终于同意佛教高僧优波毯的请求，静下心来与之长谈。数日后，当阿育王从优波毯大师的禅室走出，他已经皈依佛门，满怀慈悲，一心为善，从杀人不眨眼的魔王转变成为宽厚仁爱的“白阿育王”。

皈依佛门的阿育王将佛教奉为摩羯陀国国教，并当众宣布，自己要弘扬佛法，尊重众生，从此以后不再发动非正义的战争。同时，阿育王声称要给予耆那教、婆罗门教、阿耆昆伽教等各类宗教应有的地位，禁止不同教派之间互相攻击、相互损毁。随后，为了让所有民众都能知道佛教的“正法”，让所有的人都能获得佛的教导，阿育王令人将这一诏令和重要佛教经典一起用多种文字镌刻于崖壁和石柱之上（即阿育王法敕）。在此之后，阿育王在印度全境兴建奉祀佛骨的舍利塔8.4万多座，并邀请著名高僧目犍连子帝须长老召集1000多位比丘和比丘尼，在华氏城举行佛教史上的第三次大结集。这次大结集不仅消弭了佛教的教派争议，而且聚众人之力完成佛教经典的整理工作，结集所编撰的《论事》为佛教经、律、论、杂、禁咒五藏的形成与完善奠定了基础。

虔诚的阿育王不仅亲自在印度各地朝圣礼佛、传播佛法，他还频繁派遣佛教使团，带着佛骨舍利，前往印度的边陲地区和周边国家宣讲佛学。在阿育王的王子和公主们的带领下，佛教开始传入斯里兰卡、缅甸、叙利亚和埃及等地区。这年，阿育王派遣王子率领僧团前往中国，走到叶榆境内的屈屈吒播陀山（今云南宾川鸡足山），但见高峦峭无极、深壑洞无涯，山麓溪涧、乔林罗谷、岗岑岭嶂、繁草被岩颇具气象，然而周边的昆明人性格彪悍、嗜于杀戮、茹毛饮血、民智未开。于是，饮光迦叶大师决定留下来，设立道场，教化民众。在大师的辛勤教化之下，佛教四谛、五蕴、八苦的思想在红土高原开始萌芽。这年，当十八人的僧团到达滇池邑时，滇王正在为如何有效教化民众而犯愁。听说有印度僧团过境，立即命人打扫了精舍，备设好宴席，为王子一行接风洗尘。席间，高僧们借机向庄蹻等人仔细介绍了佛教仁爱慈悲、众生平等、宽容谦和的“正法”以及传播佛教思想的社会意义，虽然时间极其有限，但佛教普度众生的教义，让庄蹻对如何治理滇国不同部族的诸多民众有了全新的想法。在滇王的帮助下，僧团得到了马匹和物资的补充，顺利借道滇国，前往秦国都城咸阳。僧团一行准备觐见秦王嬴政，弘扬佛法，宣讲教义，阻止秦国的非正义吞并之战。然而，佛教教理有违秦王统一天下之大志，为秦王所不喜，故而始终未能得到秦王的召见。涉千山万水而来，一心只为“正法”，决不可半途无功而返。于是，王子率领僧团留在咸阳，潜入民间，默默传播佛教。

儒家学说

在从西而来的宗教思想被包容的滇国民众所吸纳之时，从东而来的学术思想也为宽厚的滇国统治阶层所接受。战国末年是中华大地饱受战火蹂躏，劳苦大众颠沛流离，民生凋敝、经济停滞的苦难时代，但同时也是社会变革激烈、思想空前解放，学派林立、圣贤频出的伟大时代。公元前372年出生的孟子被后世尊称为“亚圣”，较之先师孔子，他更关心民间疾苦，更理解治国之要，在继承和发展孔子德治思想的基础上，提出了一套完整的思想体系，形成了自己的仁政学说。他把“亲亲”“长长”的社会道德伦理运用于治国理政方略，以求缓和阶级矛盾，实现国家的长治久安。为了宣扬自己的学说，孟子仿效先师孔子，带领门徒周游各国，立坛著书，广授儒学。公元前289年孟子逝世以后，他的弟子继续坚持着孟子的理想，在列国间穿梭游说，传播儒家的政治思想。西南边陲方国的冉冉崛起引起了一些不愿为秦国暴政统治的儒家学子的注意，他们携带着儒家典籍和济世思想，跟随着移民迁徙的队伍，渐次来到了滇池流域。

庄蹻在楚国为官时虽然接触过诸子百家的许多思想和理论，但当时作为军队的统帅，更多关注的是战略战术和治军之道，对于治世济民的学说了解并不多。如今，作为滇国的最高统治者，他不得不为国计民生操更多的心，费更多的神。当他看到孟子“得道者多助，失道者寡助。民为贵，社稷次之，君为轻。爱人者，人恒爱之；敬人者，人恒敬之”……一字字、一句句，言简意赅，切中治国理政之要义，道出国计民生之核心的思想理论，不由得茅塞顿开。于是，他令人找来一位博学儒士为自己仔细讲解“民为贵，社稷次之，君为轻”的内中含意：“夫君者，舟也；民者，水也。水可载舟，亦可覆舟。大王可以设想，舟楫行于江河，若江河舒缓，则舟楫平稳；若江河暴怒，则舟楫危矣！民事莫过如此。细致论来，覆舟的是波而非水也。风平浪静时，水自然而温顺，载着舟楫轻松远行。而若有外力强加于水，使之奔腾澎湃，则后果不堪设想。所以，为君者欲想民非暴民，则必须给予民众风和日丽之天象，无风则不起浪，无浪则波息，波息则天下太平。”听到此处，滇王庄蹻眼中闪现兴奋的光芒，他急切地恳请儒士为自己传授更多的儒家理论。其后，他不仅自己找机会尽量学习儒家的治国思想，还允许儒家学者在滇国传播学术思想。虽说关于滇国文化教育的内容在正史几乎没有记述，但千年之后，从明代诸葛元声的《滇史》和近代袁嘉谷的《征刻云南丛书启》中可窥见一斑。诸葛元声在《滇史》中描述道：“蹻以兵威略定滇地，又令部将小卜引兵收滇西诸蛮，归报楚王。会秦夺巴、黔中诸郡，道塞不通，因复归滇，始筑苴兰城居之。蹻以中国声教诱服诸夷，夷人皆悦，共推蹻为君长。蹻变服从俗，以其众王滇，时防秦兵窃蜀道来，及秦灭汉兴，庄氏世有其土。”袁嘉谷则在《征刻云南丛书启》中大胆猜想说：“滇池之开，断自庄蹻。蹻，楚人也。溯江南来，分侯支党；立滇王国，易牂牁名。当是时，屈、荀、宋、景以词赋雄压中原，滇同楚化，闻风蔚兴。”庄蹻王滇促进了中华文化的传播，促成了高原上的第一次民族大融合和经济大发展。

基于“民为贵”的治国理想，滇王庄蹻不仅省刑罚、薄税敛，而且还针对滇国境内众多部族的矛盾和冲突，因地制宜地制定实施了一系列宽容调和的政令。一是承认大小民族的平等权利；二是给予弱小部族必要帮扶，以教化为手段，促使高原上不同生活方式、不同信仰的民族拥有了更加和谐的生存空间，族际间的争斗和掠夺日渐减少，西南疆域更显祥和稳定。生产力水平不高的滇国境内，众多人口不用再忍饥挨饿，心态平和，勤劳本分；各族民众大多知晓礼义孝悌，尊长爱幼，安居乐业。

凝固在青铜器上的古滇王国

红土高原地处中印半岛的基部，与东南亚、南亚许多国家“山同根、水同源”。穿越横断山脉垭口，经缅甸平原，可以抵达印度直至中亚、西亚地区；顺着大川巨流而下，可以来到东南亚的红河流域和湄公河流域。与异国为邻的特殊的地理位置，造就了滇国依托蜀身毒道的商业繁荣；境内多民族杂居的生活状况，形成了滇民包容的生活态度；四通八达的物流和形态各异的部族，给滇池流域带来了全新的技术、多元的文化和开放的意识，让滇国文化在兼容并蓄中得到了极大的发展。滇王庄蹻传奇般的生活经历，让他较之中国内地顽固、保守的诸侯，更拥有一份包容务实的心态，自易服从俗的那天起，他就摒弃了中原君王所持有的“非我族类，其心必异”的政治观点，打破了华夏、蛮夷的种族划分，以长居高原者皆为滇国子民、为国谋政者皆为滇王臣属、来滇经营者皆受滇律保护、与滇亲善者皆为滇之友邦的执政方略，创造了各民族和谐相处、各国文化交汇融合、国际贸易空前繁荣的太平盛世。伴随着马帮艰难前行的步伐，伴随着滇国铜鼎的矗立和滇王铜鼓的低鸣，辉煌的古滇文明光耀西南坝子，远徙南洋海国，传播西域众邦。

公元前247年，波斯人阿撒西斯在波斯帝国东部地区的阿萨克城（今土库曼首都阿什哈巴德）自立为王，建立安息国。安息国处于连接中亚地区和两河流域的中枢位置，由十八个城邦国组成，包括高加索伊比利亚、亚美尼亚、阿特罗帕特尼、科尔多内、阿迪亚波纳、埃泽萨、哈特拉、查拉塞尼、埃利迈斯及波西斯等半独立自治王国。这些王国的君主各自管理自己的城邦，各自铸造自己的货币，各自维护自己的军队，但他们都承认安息帝国为宗主国，并向“万王之王”阿撒西斯大帝缴纳贡金，并提供军事援助。由于安息帝国内部存在着产业结构差异巨大、经济发展极不平衡等问题，各城邦之间必须通过商业贸易，才能实现必要的物资补充，所以商业是安息国除了农业和手工业之外的第三大产业。在西汉张骞的记述中有关于安息国的一段文字：“其俗土著，有城屋，与大宛同俗。无大长，往往城邑置小长。其兵弱，畏战。善贾市……”生动的描述，充分展示了安息帝国繁荣的商品经济状况。安息帝国国土东部与印度相连接，所以庄蹻王滇时期蜀身毒道的再次畅通，让安息帝国各城邦的君主发现了贸易东土、赚取暴利、维持城邦运转的大好良机。于是，以印度为中转站，大量安息国商人携带着两河流域的农作物、葡萄酒、夜光杯和精美的手工艺品出现在滇国的城邑、集市和摆场之中。

这年，美丽的滇池邑迎来了一群高鼻鹰眼、卷发白肤、与众不同的宾客。这是一支来自安息帝国的商队，他们不仅带来了珠宝、美玉、葡萄酒等珍稀商品，还带来了多名精于西域乐舞的艺人。因为滇王仁厚，允许治下的各部族在自己酋领的管理下，保留自己的语言，保持自己的风俗习惯，争取平等发展的地位，所以治下许许多多不同的部族，不论是本土原住民，还是远道迁徙而来的移民，或是部族融合后形成的新族群，都发自内心地尊崇滇王为自己的大君长，服从滇王的律令和指挥。团结的民族关系，和谐的社会氛围，造就了滇国极其优越的贸易环境，让来自南洋海国、印度以至中亚、西亚的各国客商赚足了贸易利润，也让远在西域的邦国国王知道了这位东方大君长的威名。这次商队来滇，一是进行贸易赚取利差，二是为滇王献艺表达商队的感激之情，三是受邦国国王委托探究滇国稳定繁荣的根源。

商队抵达滇池邑时正是这年的六月初六，滇国民众将在城邑中举办盛大的祭火神庆典。祭祀大火神祝融和小火神灶神，原是楚人祭祀先祖的仪式，自从庄蹻王滇以后，他以一种极其宽容的态度对待各族的宗教活动和祭祖仪式，自己不时还身体力行，参与各族的祭祖活动，这让滇国民众深为感动。此时的滇国再不分楚人、滇人、越人还是濮人，他们已融合为滇王治下的滇民，他们共同祭祀众族的先祖，共同尊崇滇国的农神，共同祈求上天的福泽，共同建设美丽的高原。同时，他们将滇王视为自己的家长，将楚人的宗祖视为自己的宗祖，所以每年滇王的祭火神庆典活动已成为所有滇民的节日，大家一起点燃火把，欢歌畅舞，在热闹的仪式中虔诚祈求滇国国势昌盛、避邪消灾、风调雨顺、年年丰收！

西域来客跟随着熙熙攘攘的人流，汇聚到城邑广场，与普通民众一道观赏那热闹非凡的滇国祭典。只见广场中心的高台上已垒好了三丈多高的干柴，一名主持燎祭的“火正”正在用火把点燃干柴，他一会儿口中喃喃自语，一会儿仰头细观天象。旁边有一群壮汉或持铜锣敲敲打打，或持镰锄比比画画。虽然既听不清他们在唱些什么，也看不懂他们在做些什么，但是，滇国民众的欢声笑语，喧闹繁华的街道集市，琳琅满目的各国货品，多姿多彩的民族文化，平和宽容的社会氛围，早已让安息帝国的商人们充分领略到这个高原王国的独特魅力。

这夜，安息帝国商队觐见滇王的请求得到应允，一行人在滇国官吏的热情招呼下进入滇王宫。原以为滇王一定如“万王之王”阿撒西斯大帝一般有着雄狮般威武的身板、猎隼般锐利的眼神，可走近之后才发现，虽然滇王身材高大，但绝不冷酷威严，在温和的微笑间，骨子里渗透出一种亲和的慈祥；滇王目光犀利，但绝不刚愎自用，在得体的对话中，眼里闪烁着高远的睿智。除了滇国的贵族以外，参与滇王夜宴的客人中还有来自秦国蜀郡的商人、印度华氏城的僧侣、青藏高原的牧主，更有许多与他们一样高鼻深目的中亚、西亚匠人和商人。享用着滇王安排的美味佳肴，人们兴奋地分享着自己在滇国的见闻和奇遇。

酒酣席半，滇王宫舞伎随着浑厚的铜鼓节律，有序地进入大厅，为客人们表演了庄严肃穆的中华乐舞《大夏》。余音未绝，安息舞伎便在琵琶、手鼓的伴奏下滑入大厅中央，为万民景仰的滇王献上激情澎湃的西域歌舞。正如唐代诗人白居易所描述："胡旋女，胡旋女。心应弦，手应鼓。弦鼓一声双袖举，回雪飘飖转蓬舞。左旋右转不知疲，千匝万周无已时。人间物类无可比，奔车轮缓旋风迟。曲终再拜谢天子，天子为之微启齿……"中华乐舞的博大精深和中亚舞蹈的奔腾欢快，震惊了在座的众人。大家一致认为，如此盛况应该勒石立碑，流芳万世。但这一热情的提议却让滇王庄蹻感到十分为难，一时语塞，无法应答。

原来，当年庄蹻率楚军入滇之时，军中识字的人不多，又因将士大多数是来自东地的越人，能使用楚文字的更是少之又少，所以大军号令主要以兵符为信，不同的兵符代表不同的含义，下级军官接令后，会根据约定的要求，完成上级安排的任务。庄蹻王滇以后，虽然有大量移民涌入高原，但他们大多是生活在各诸侯国最底层的贫苦民众，穷困潦倒，生计无着，才甘愿冒着千难万险，迁徙入滇，其中能识文断字者更是少之又少。加之，滇国的部族成分复杂，语言文字众多，不诉诸暴力，根本无法统一。由于滇王仁爱，充分尊重各部族传统风俗之实存，平视各民族交流发展之需求，极力反对采用秦国在征服地为推行通用的语言、文字和度量衡而实施的暴政，而是给予各民族选择性接受他族文化有益成分的机会。所以多年下来，滇国政令的传播仍主要通过各族“耆老”编撰的歌谣，信息传递主要使用含义明晰的图画文字，境内只在滇王宗室里还有少数人使用楚文字。

由于图画文字太过简单，无法描述宏大的场面和复杂的事件，更无法镌刻于石碑供后世传颂，所以勒石立碑之议实在无法落实。正在大家左右为难之际，有安息商人提议道：“我们今日在都邑中闲逛，见滇国青铜的工艺精湛、造型精美，鸟兽鱼虫栩栩如生，大王既然可用图画文字传递消息，为何不将这一幕幕盛大的场景铸为青铜器，以供世人铭记？”这一富有想象力的大胆建议立即得到众人的认可。从那以后，滇国的重大事件都被浇铸于鼓鼎等大型青铜器具之上，让几千年后再次看到它们的后人，不由得对那段辉煌的文明充满了崇敬和向往。

公元前241年，赵国将军庞煖合纵赵、楚、燕、魏、韩五国，尊楚王熊完（即楚考烈王）为纵长，令尹春申君黄歇为联军统帅，共同出兵，大举攻打秦国。大军浩浩荡荡行至函谷关前，便遭到秦师的猛烈反击，五国联军指挥失当，兵败溃散。秦国乘胜追击，楚国大军不堪一击，瞬间便失地千里。楚王无奈，被迫再次东迁都城至寿春（今安徽寿县）。一次次失败的战争，一次次都城的东迁，楚国濒临灭亡。此时，滇王庄蹻已年迈多病，得知楚国危急的消息，病势更加沉重。根据多年带兵的经验，庄蹻明白，此时的滇国必须排除来自滇东北秦国大军的威胁，要保障滇池流域免受内地战火的荼毒，必须立即着手加强滇东地区的战备。于是，他召来一干为滇国开国做出巨大贡献的大臣和族长，逐一分封为侯，令他们带着自己的家眷和部族，到蜀西北、黔西南、滇东北和滇东南地区各自的封地，垦荒屯兵，以防秦军骚扰，保障滇国安全。此后，“分侯支党，传数百年”（《华阳国志·南中志》），“自夜郎以西，皆曰庄蹻余种”（《太平寰宇记》），“今西南诸夷，为楚庄之后”（《盐铁论·论功》）。爨、李、孟、霍、雍、朱、蔿、董、焦、娄等姓氏在滇东地区逐渐兴起，为日后南中大姓的形成埋下伏笔。

这日，沉疴多时的庄蹻心知大限临近，在幼子的陪侍下，他让人将自己抬到滇池西岸的高山之巅。躺在步辇之中，庄蹻看着自己经营多年的滇池坝子，百感交集。他抬手将儿子召至身边，低声述说遗嘱：“蹻本楚裔，因时事机缘而掌兵东地。蒙楚王不弃，得以统率越人、楚人远道来滇，屯田垦荒、教化民族，被众人拥立为王。滇之所以能够立足于诸侯之西南，并非单纯凭借任何一族之力，而是众多部族共同努力奋斗之结果。因此，我儿承嗣王位之后，一定要平等善待各族，永远牢记诸族同心、和谐共存、团结发展是滇国稳定兴盛的基石。”

夕阳西下，湛清的西南天空中飘荡着一道道美丽灿烂的云霞。在霞光的映衬下，庄蹻的脸上轻轻漾起一丝淡淡的微笑。高原傍晚的云霞多姿多彩、璀璨绚丽，别具动人心魄的魅力。当夜，滇王庄蹻薨，传位于幼子，父子连名，共传七世，国祚绵延，五百余年。

考古发现揭开了古滇王国的神秘面纱

缺乏文字记载的古滇国，长期以来一直笼罩着一层层神秘的面纱。在学术界的争论中，那些与古滇国相关的历史事件和英雄人物，一直轮廓模糊、面目不清。近代的考古发现，终于让沉寂于历史长河中的青铜文明再现光芒，再次让战国时期的高原人物重新走入了人们的视野。

《史记·西南夷列传》记载："元封二年，天子发巴蜀兵击灭劳浸、靡莫，以兵临滇，滇王始首善，以故弗诛。滇王离难西南夷，举国降，请置吏入朝，于是以为益州郡，赐滇王王印，复长其民。"《后汉书·西南夷列传》则记载："滇王者，庄蹻之后也，元封二年武帝平之，以其地为益州郡，割牂牁、越巂各数县配之，后数年，复并昆明地，皆以属之此郡。"

公元前109年，汉武帝发兵西南，以武力灭掉滇国东部的夜郎国和北部的邛都国，以兵威震慑滇国诸部。迫于大军压境之势，滇王尝羌依照周朝礼制，率白族之众归附汉室。汉武帝感于滇王治国的严谨和规范，特授予尝羌一方刻有"滇王之印"四个大字的金印，令其继续驻守西南，统领教化滇国之众。自此，滇王所辖的区域全部被纳入中央王朝版图，原来向滇王称臣纳贡的邑君，都在滇王的带领下内附，奉汉朝正朔，遵制纳贡，维护地方。

随后的数年间，为了加强中央集权统治，汉王朝在西南地区设益州、犍为、越巂和牂牁四郡，其中益州郡下辖滇池、谷昌（今云南昆明）、连然、秦臧（今云南禄丰）、味县、同劳（云南陆良）、俞元、铜濑（今云南东川）、云南（今云南祥云）、叶榆、巂唐、弄栋、不韦（今云南施甸）、贲古、毋棳（今云南开远）、胜休（今云南石屏）等地；犍为郡下辖朱提、堂琅、南广（今云南镇雄、威信、盐津）等地；越巂郡下辖青蛉、遂久（今云南永胜）、姑复（今云南华坪、盐边）等地；牂牁郡下辖镡封（今云南丘北）、漏卧（今云南罗平）、西随（今云南元阳、红河）、进桑、都梦（今云南文山、砚山）、句町等地。

针对西南地区多民族共存、经济发展水平较低的状况，汉王朝设计了有利于边疆稳定发展的屯垦制度，免除了滇国各族的税赋，驻边军卒的供给主要来自于中央政府支付的军饷、“转漕”的粮草和军队自己屯垦的收入。为了促进边疆的繁荣，汉王朝还大量迁徙蜀中汉族人口至滇池流域，南中地区逐步形成由爨、李、霍、雍、孟、朱、蔿、焦、董、娄等汉族大姓与“夷帅”（少数民族头领）共同统领各族“部曲”，互为“遑耶”（姻亲关系），互通语言，和平共处，协力发展的历史格局。这期间，秦国国相吕不韦的后裔被迁移到嶲唐，建立了不韦县，由于吕氏后人善于经商，滇西地区很快就跃升成为欧亚货殖的重要枢纽直至近代。

1956年，昆明城南面的晋宁县石寨山古墓群出土了一枚镌刻着清晰可辨的“滇王之印”四个大字的金印，自此揭开了古滇王国的神秘面纱。滇王金印由纯金铸成，重90克，印面边长2.4厘米见方，通高2厘米。印有蛇纽，蛇首昂起，蛇身盘曲，背有鳞纹。根据《汉旧仪》的记载，滇王金印的印章形制当属列侯规格，但却镌刻为王印，这一方面从正面表明，汉武帝赐予滇王金印后，对云南地区实行羁縻统治，建立起西汉王朝与滇王国间密切的政治关系；另一方面从侧面证明，滇王国规范的治理模式得到了西汉王朝的认可，因此被西汉统治者认定为一个有特殊地位的边疆属国。

1975年2月，在北距昆明主城区15公里的呈贡天子庙地区，考古工作者发现了一个战国滇墓群。从1975年到1992年的17年中，考古工作者先后4次对古墓群进行了发掘和清理，共发掘竖穴土坑墓葬85座，出土各类随葬品5000余件，按质地可分为青铜器、陶器、漆器、玉石、玛瑙，其中以青铜器居多，有戈矛、剑、斧、钺、啄、戚、锤、甲、镞、犁、锄、镰、凿、削、卷刃器、工字形器、卷经轴、勺、枕、鼎、筒、鼓、镯、扣饰等，陶器有尊、纺轮、罐等，玉石玛瑙主要为小型装饰物，另外还有数以千计的海贝和难以计数的、细微的绿松石圆片。1979年发掘的第41号墓葬规模最大，出土器物最多，最具滇国古墓的代表性。该墓出土的随葬品有310多件，贝1500多件，绿松石数以万计，全部分布在椁盖板及椁底板上。不仅出土了具有明显中原文化风格、代表王者身份的巫师纹铜鼎，同时还出土了具有浓厚百越文化色彩的五牛盖铜桶，具有华南龙舟竞渡文化特征的船纹铜鼓，具有西域文化特色的珠宝饰物以及具有战国楚文化特征的双钺形铜戈。特别令人称奇的是，在太阳纹翔鹭铜鼓内发现了一把实心铜柄铁削，直刃弧背，通长22.6厘米，是全部文物中仅有的唯一铁器，珍藏于铜鼓之中，足见墓主对其极为珍视。1998年10月，法国巴黎高等研究实验大学米歇尔·皮拉左里在昆明召开的“中国南方及东南亚地区古代铜鼓和青铜文化第一次国际学术讨论会”上宣读论文——《滇文化的年代问题》，指出：“通过对石寨山、李家山、天子庙、石碑村出土青铜器上纹饰的比较研究，可以确认滇池地区青铜文化的年代应在公元前250年至公元50年之间。”同时，墓葬文物碳-14测定的数据也间接证明，第41号墓可以基本推断为滇王庄蹻之墓。

“滇王之印” 和“滇王庄蹻之墓”的发现不仅确证了“古滇国”的存在，还印证了《史记》等文献关于“庄蹻开滇”和“庄蹻王滇”的历史记录，让人们能够在重新追寻各民族共同建设云南、开发云南、和平共处、包容团结的历史中，发现面向西南科学发展、和谐发展、跨越发展的价值和意义。

云南晋宁石寨山出土的鎏金圆形群猴扣饰

云南晋宁石寨山出土的四牛鎏金骑士贮贝器

云南晋宁石寨山出土的青铜女俑

云南晋宁石寨山出土的
战争场面叠鼓贮贝器

云南晋宁石寨山出土的青铜牛头

云南晋宁石寨山出土的鎏金八人乐舞扣饰

云南晋宁石寨山出土的纺织场面贮贝器

云南晋宁石寨山出土的鎏金双人盘舞扣饰

云南晋宁石寨山出土的纳贡场面贮贝器

云南晋宁石寨山出土的斗牛场景扣饰

云南晋宁石寨山出土的滇王金印

参考书目

1.〔春秋〕左丘明：《国语·郑语》。
2.〔春秋〕左丘明：《左传·昭公十九年》。
3.〔战国〕孟珂：《孟子》。
4.〔战国〕墨翟：《墨子·兼爱》。
5.〔战国〕屈原：《楚辞》。
6.〔战国〕荀况：《荀子·议兵篇》。
7.〔战国〕宋玉：《神女赋》。
8.〔西汉〕刘向：《战国策·楚策》。
9.〔西汉〕桓宽：《盐铁论·论功》。
10.〔北宋〕王怀隐、陈昭遇：《太平圣惠方》。
11.〔西汉〕司马迁：《史记》。
12.〔西汉〕司马谈：《论六家要旨》。
13.〔西汉〕扬雄：《蜀王本纪》。
14.〔东汉〕班固：《汉书》。
15.〔东汉〕卫宏：《汉旧仪》。
16.〔东晋〕常璩：《华阳国志》。
17.〔南朝〕范晔：《后汉书·西南夷列传》。

18.〔唐〕樊绰：《云南志》。

19.〔北宋〕乐史：《太平寰宇记》。

20.〔明〕诸葛元声：《滇史》。

21. 袁嘉谷：《征刻云南丛书启》。

22. 方国瑜：《滇史丛论》（第一辑），上海人民出版社1982年版。

23. 徐冶、王清华、段鼎周：《南方陆上丝绸路》，云南民族出版社1987年版。

24. 马曜主编：《云南简史》，云南人民出版社1991年版。

25. 刘小兵：《滇文化史》，云南人民出版社1991年版。

26. 汪宁生：《云南考古》（增订本），云南人民出版社1992年版。

27. 申旭：《中国西南对外关系史研究》，云南美术出版社1994年版。

28. 李昆声：《云南艺术史》，云南教育出版社1995年版。

29. 陆韧：《云南对外交通史》，云南民族出版社1997年版。

30. 张增祺：《滇国与滇文化》，云南美术出版社1997年版。

31. 郭净、段玉明、杨福泉主编：《云南少数民族概览》，云南人民出版社1999年版。

32. 何平：《从云南到阿萨姆——傣－泰民族历史再考与重构》，云南大学出版社2001年版。

33. 黄懿陆：《滇国史》，云南人民出版社2004年版。

34. 管彦波：《云南稻作源流史》，民族出版社2005年版。

35. 李昆声、黄德荣：《中国与东南亚的古代铜鼓》，云南美术出版社2009年版。

36. 陈丽琼：《铜鼓船纹补释——兼论越人航渡美洲》，《中国铜鼓研究会第二次学术讨论会论文集》，文物出版社 1986 年版。

37. 张兴永：《云南春秋战国时期的家畜》，《云南青铜文化论文集》，云南人民出版社 1991 年版。

38. 张增祺：《再论云南青铜时代“斯基泰文化”的影响及其传播者》，《云南青铜文化论文集》，云南人民出版社 1991 年版。

39. 方国瑜：《云南用贝作货币的时代及贝的来源：附云南用盐块代钱的记载》，载《云南社会科学》1981 年第 1 期。

40. 杨寿川：《云南用贝作货币的起始时代》，载《思想战线》1981 年第 5 期。

41. 张增祺：《战国至西汉时期滇池区域发现的西亚文物》，载《思想战线》1982 年第 2 期。

42. 张增祺：《云南开始用铁器的时代及其来源问题》，载《云南社会科学》1982年第6期。

43. 童恩正：《中国古代青铜器中锡原料的来源》，载《四川大学学报》1984 年第 4 期。

44. 胡振东：《关于滇王国的地域及其与西汉王朝的政治关系》，载《云南社会科学》1984 年第 4 期。

45. 王海平：《庄蹻入滇略探》，载《贵州社会科学》1990 年第 4 期。

46. ［法］米歇尔・皮拉左里、吴臻臻：《滇文化的年代问题》，载《考古》1990 年第 1 期。

47. 木基元：《云南型铜鼓传播路线新探》，载《云南民族学院学报》1990 年第 4 期。

48. 张增祺：《泰国和云南考古学文化的关系——兼谈泰族的渊源问题》，载《云南文史丛刊》1991 年第 1 期。

49. 李晓岑、李志超、张秉伦等：《云南早期铜鼓矿料来源的铅同位素考证》，载《考古》1992 年第 5 期。

50. 刘光曙:《从云南出土文物看早期海贝的来源》，载《云南民族学院学报》（哲学社会科学版）1993 年第 1 期。

51. 张增祺：《长江上游璀璨的滇国青铜文化》，载《东南文化》1994 年第 4 期。

52. 吴兴南:《历史上云南的对外贸易》，载《云南社会科学》1998 年第 3 期。

53. 张增祺：《云南古代的黄铜与白铜》，载《云南民族学院学报》（哲学社会科学版）1999 年第 1 期。

54. 周万利:《战国秦汉时期西南铁器的传播与分布》，载《文史杂志》2001 年第 2 期。

55. 黄懿陆：《庄蹻王滇新考》，载《云南社会科学》2002 年第 6 期。

56. 陆德富：《战国时代官私手工业的经营形态》，复旦大学博士论文，2011 年。

后 记

翻开战国史卷，恢宏的历史场景令人震撼！战国时期思想解放、学派林立、百家争鸣、文化繁荣，战国时期狼烟杀戮、弱肉强食、物欲横流、尔虞我诈。在那人与人之间信任危机频现，国与国之间领土争端不断，正义与非正义概念含混不清，私利与公理价值观博弈激烈的社会动荡时期，世人或陷于迷茫，或随波逐流，或甘于现状，或苦思冥想，或振臂高呼……在这波谲云诡的年代，庄蹻，一位什么样的将军，带领着一支什么样的队伍，依靠着一种什么样的意志，凭借着一股什么样的豪情，披肝沥胆，锐意西行，来到这遥远的西南边疆，在艰难的民族融合与拓荒行动中，创造了不朽的高原青铜文明?

“西南外徼，庄蹻首通。”作为有史记载的“开发云南第一人”，庄蹻不仅为古滇文明的灿烂和繁荣创造了契机，还以其高远开放的情怀推动了统一多民族国家的形成，以其包容担当的胸怀有力维护了西南边疆的和谐与繁荣，为人类社会的进步做出了不可磨灭的贡献。

“庄蹻开滇”迈出了中国“西部大开发”的第一步，在艰难的屯垦进程中，为中国西南疆域的形成和稳定，立下了不朽的功勋。在移民西进的漫漫岁月中，延续了五百多年的滇国政权，为滇池以西众多独立或半独立地方政权的建立奠定了基础，为现代东南亚、南亚国家格局的形成扎下了根基。

“庄蹻开滇”增进了西南各族儿女的国家认同，树立起了各民族共同开发云南、建设云南、和谐共处、包容团结的历史丰碑。庄蹻严格遵从民族习俗，平等善待各族民众，合理推进制度革新，构建起各民族和平共处、适度融合的历史格局，有力推进了云南现代民族的形成，使当今的云南成为世界上最和谐的民族地区之一。

“庄蹻开滇”恢复了中国最古老的国际大通道——蜀身毒道日益畅通与繁荣，所架设的“欧亚大陆桥”铺平了东西方贸易沟通的道路。在滇王统治时期，云南境内形成了两条贯穿全境的国际大通道——蜀身毒道和进桑麋泠道，建立了布局合理的城市邑集网络，构建起连接中外的国际贸易体系，使滇池流域逐步成为欧亚货品聚散的重要交易中枢和中国面向南亚、东南亚的政治文化次中心。

“庄蹻开滇”加速了云南矿产资源和水利资源的开发利用，把内地先进的文化制度和生产技术带到了西南边疆，促进了中南半岛农耕文明的形成。庄蹻治下的云南政局稳定、社会和谐、各族平等、民风包容，为世居高原的原住民，来自中国内地、外国的移民和商贾，创造了共同生存、和平发展的社会环境，促进了云南社会经济的迅猛发展，让红土高原1440多个坝子焕发出勃勃生机。

在浩如烟海的历史文献中，庄蹻与这片红土高原的故事仅是只言片语，除了司马迁在《史记·西南夷列传》中的记述外，许多历史文献零乱的记载相互矛盾、叙述含糊，导致史学界至今还存在关于庄蹻身世和事迹的激烈争论。但是，在云南各族民众的心目中，他不仅是带领各族儿女开发云南、建设云南的宗祖，更是领导云南从蛮荒走向文明、从贫困走向富裕、从闭塞走向繁荣的英雄。拨开历史厚重的迷雾，我们对于这位2300多年前的楚国将军有了一个全新的认识。他不再是史籍中那个面目模糊的古人，也不再是青铜器上那个强盛滇国的王者。在云南各族民众的记忆里，他是亲切慈祥的家长；在红土高原的青山绿水中，他是农耕文明的象征；在荒草萋萋的漫漫古道上，他是源远流长的传奇……

1939年，正在西南联大任教的钱穆先生于云南宜良岩泉寺完成了影响深远的著作《国史大纲》。钱先生在这部巨著中深刻总结道："若一民族对其已往历史无所了知，此必为无文化之民族。此民族中之分子，对其民族，必无甚深之爱，必不能为其民族真奋斗而牺牲，此民族终将无争存于并世之力量。欲其国民对国家有深厚之爱情，必先使其国民对国家已往历史有深厚的认识。欲其国民对国家当前有真实之改进，必先使其国民对国家已往历史有真实之了解。"任何一个社会都有自己的核心价值体系，它是一个民族历史文化和时代精神的反映。文化和精神标志着一个国家及民族内在的本质特征，每一个国家的民族性格和思维方式，都是该国历史文化发展的特殊产物。历史文化对于塑造民族精神，提升国民素质，加强文化认同，提高民族凝聚力和向心力的作用是毋庸置疑的。云南是中国少数民族最多的省份，各民族共同发展的历史对于这个边疆省份的科学发展、和谐发展、跨越发展而言，已非简单的文字可以描述。

自庄蹻开滇以来，作为中国一个重要组成部分的云南，演绎着独具边疆特色的历史文化，形成了包含众多部族个性的多元文化体系。正是云南文化与生俱来的多元共生特质，造就了云南精神高远、开放、包容、坚定、务实、担当的地域特征。"风之北，云之南"的美名，昭显了云南在中华文明、东南亚和南亚文明中的区位价值以及在跨区域经济合作中的战略地位。因此，在实现中华民族伟大复兴的关键时期，深入回顾历史，客观评价历史，审慎借鉴历史，从历史长河中撷取灌溉现代精神家园之源泉的意义深远。

陈寅恪先生将中国历史看成是"系吾民族精神上生死一大事者"，其中包含的深意只有在与历史的共鸣中才能体会。由于地处远离华夏文化中心的西南边疆，留存于世的历史典籍中关于古滇国的记载少之又少。"历史学一半是科学，一半是艺术。"《一代滇王——庄蹻》从战国末年的七雄争霸写起，通过旁征侧引众多历史学家不同专题和视角的研究成果，并加以综合的构思想象和合理的细节描述，最终以较为完整的结构再现出古滇王国错综复杂的历史事件和红土高原早期开发者的传奇事迹。作为一部历史人物传记，史料不足是此书著述中最大的障碍，但先秦时期波澜壮阔的中外历史和古滇王国精美绝伦的青铜器皿，让我对庄蹻这位远古人物有了许多自己独特的见解。当然，《一代滇王——庄蹻》一书确实存在着许多的不足和缺失，但其所展示的汉族、彝族、白族、哈尼族、壮族、傣族、回族、佤族、景颇族、布朗族、德昂族等众多民族祖先共同建设西南家园、共同开拓南方丝绸之路的绚丽画卷，让历史故事在现代社会中具有了更加积极的时代意义。

2013 年 1 月 4 日

于昆明莲花池畔